朝日新書
Asahi Shinsho 8

人を救えない国

安倍・菅政権で失われた経済を取り戻す

金子　勝

朝日新聞出版

はじめに――ひとつの時代の終わりが近づいている

ウイルスは決して忖度《そんたく》はしない。

新型コロナウイルスの世界的流行は、醜い部分を含めて日本の現実を見せてくれている。ただし、人はあまりに惨めに成り下がると、ことさら現実を見ないようにする。それゆえ、見たくない現実をごまかす言説が横行する。たとえば、新型コロナウイルスの大流行が始まってほぼ1年近くになるのに、世界の中で「発展途上国」並みに少ない日本のPCR検査数が典型的である。かつての日本では、検査もせず、ひたすらノーデータで積極的な対策をとらず放置するなどという事態は起きなかっただろう。政府の専門家会議や分科会のリーダーたちが、あれこれ「理屈」をつけて検査をしないことを正当化してきた。あまりに非科学的で「専門家」と呼ぶのも恥ずかしくなる。

現実を見なければ見ないほど、将来を見通せないことがたくさん出てきてしまう。政治と経済がダッチロールのように墜落しつつある日本の政治経済の現状は、今後どのようになっていくのだろうか。少なくともそのリスクを正確に見通さなければ、現実はよくできないし、よくならない。たしかに、新型コロナウイルスの大流行がどのような形で収束していくのかも見通しにくい。最悪、今後また大きくウイルスが変異してさらに深刻な事態を招くかもしれない。仮にファイザーのmRNAワクチンが成功したとしても、それで日本経済は立ち直れるのかは疑わしい。多くの人は薄々気がついているが、現実を冷徹な眼で分析する必要がある。

本書を読んでいただければ分かるはずだが、どのようにして新しい日本を切り拓くのかを真剣に考えると、日本の選択肢はそれほど多くはない。長年、安倍晋三前首相の下に自公政権が圧倒的多数を占め、一人勝ちの状況が起きてきたので想像しにくいかもしれないが、日本経済の状況を冷徹に見れば、ようやく持たせているのが現状である。このまま投票率低下の中で政権の「独裁」状況を続けていけばいくほど、ますますどん詰まりの状態に陥るしかない。安倍政権の下での「失われた8年間」はひたすら麻薬漬けで生き延びてきただけである。無理を重ねれば重ねるほど、体の健康を害していくのと同じである。

一つひとつの課題について明らかにしていかなければならない。本書ではそのために、まず新型コロナウイルス対策の間違いを跡づけ、次に仲間内資本主義（クローニーキャピタリズム）とでも言うべき不正腐敗が横行し、近代国家の原則をも破壊しつつある状況を自覚する。もちろん、公正な競争ルールが壊れてしまえば、中長期的に産業が衰退するのは必然となる。

国会が開かれず、政権は議論する機会そのものを奪う。メディアが御用化し提灯持ち化し、官僚は忖度し、批判的な学者が排除され、民主主義的な諸制度が次々と壊れていく。まるで時代の歯車を逆回転させているようだ。この間の失敗のプロセスは、第2次世界大戦の敗戦の過程とよく似ている。近年に限っても、バブル崩壊後の金融危機や、福島第一原発事故など、新型コロナウイルス同様のプロセスが繰り返された。メガ・リスクを処理する作戦（危機管理）は失敗し、産業衰退と長期継続的な賃金水準低下が続いた。円安と賃下げによる輸出主導の経済政策のツケを日銀による赤字財政ファイナンス依存でもたせる経済構造ができてしまった。その結果、リスク無視の過剰流動性供給の膨張がコロナ禍のバブルをもたらしている。働かない人たちが資産を一層膨らませる一方で、若い世代は新たな「コロナ氷河期」に陥り、多くの非正規雇用が雇い止めにあっている。どう見ても、このような異常な格差社会の拡大は持続可能性を失っている。日本は刻々とコロナ敗戦へ向かっている。

従来であれば、自民党は不正腐敗や政策的失敗がひどくなると、それを契機に派閥間抗争を通じて政権と政策の転換が起きた。しかし、石破派や岸田派に対するイジメを見ていると、自民党内に自浄作用が働くことも望み薄のように思われる。自民党は2世3世の劣化した議員ばかりになり、原発事故やコロナ禍の危機管理の基本も実行できず、いまやサラ金頼みのごとく、日銀券を刷って花見酒に興じている。もはや未来の産業も政治も社会システムも創造することができず、メディア、官僚、学者からの批判を抑え込むしかなくなっている。

このままでは、戦後の自民党政治が終わるのか、それとも日本の社会と経済そのものが終わってしまうのか、いずれも同時に起きるのか、しかなくなるだろう。世界はコロナ禍に直面しながらも、欧州の「グリーンリカバリー」政策のように、未来に向かって努力を重ねている。それはある種の「分散革命ニューディール」政策と言ってよい。筆者が年来の主張としてきたように、エネルギー転換を突破口として、情報通信技術の発展とともに産業構造を根本的に転換させることは不可避になっている。そして、それは社会システムそのものをも大きく変革していく試みでもある。その点に関しては、最近出版された、飯田哲也氏との共著『メガ・リスク時代の「日本再生」戦略――「分散革命ニューディール」という希望』（筑摩選書）もあわせてお読みいただきたいと思う。

コロナ禍は日本経済に厳しい現実をつきつけているが、諦めるのは日本の衰退を一番早める道だということも確かである。何よりこの失敗の犠牲になるのは若い世代であることを忘れてはならない。少しでも現状をよくしていく努力を惜しんではいけない。

人を救えない国

安倍・菅政権で失われた経済を取り戻す

目次

写真提供：共同通信
図表作成：朝日新聞メディアプロダクション

第1章

なぜ日本政府は国民の命を救えないのか

――コロナ対策の失敗の原因

1. リスクに対処できない無責任社会

日本社会の体質が浮き彫りになる

2021年1月18日、新型コロナウイルスの感染者数が9600万人を超え、死者数も200万人を超えている（ジョンズ・ホプキンス大学「ワールドメーター」調べ）。新型コロナウイルスは、ウイルスが変異するたびに、感染の周期を繰り返す。2020年11月には、日本でも感染の第3波が襲っている。

東アジア諸国の死亡率は相対的に低いが、広州型の風邪コロナウイルスが度々流行し交叉免疫があり、重症化しにくい人が多いと推測されている。しかし、その中でも、日本は死者数が21年1月21日時点で4743人（クルーズ船を含めて4756人）となり世界45位（21年1月10日）、人口100万人あたりの死亡者数は38人になった。韓国26人、香港22人、シンガポール5人、中国3人、ベトナム0・4人、台湾0・3人と比べて、死亡率が一番高い。政策の失敗が大きいと考えられる。そして、このパンデミック（世界的流行）は世界や日本の経済を大きく落ち込ませている。本来、危機管理の徹底で、できるだけ早急に新型コロナウイルスの感染を収束させることが、現時点で最善の経済対策になるはずだが、残念ながらそうなっていない。

新型コロナウイルスに対する対策のあり方は、丸山眞男『日本の思想』あるいは戸部良一他『失敗の本質　日本軍の組織論的研究』などに描かれてきた日本社会の弱点が露わになっている。日本社会における「無責任の体系」（丸山）は、この間、いくつかの自然災害などの巨大リスクが起きる度に繰り返し現れてきた。確かなデータをとらず、政策や方針が空気で決まるので、誰が何を決定したのかが明らかにならず、結局、誰も責任をとらない。失敗が明らかになっても方向転換できず、戦力の逐次投入を繰り返すことになり、失敗がどんどん重なっていく。

「経済成長」をしている間はごまかしがきいたが、バブル崩壊に伴う金融危機、福島第一原発事故といった巨大リスクの発生を契機にして、危機管理の鉄則を実行できずに、日本経済は衰退してきた。実際、経営者や行政官庁が責任を回避するために、検査や査定でデータをとらずに問題を隠してきた。いまや公文書も統計も改ざんするのが当たり前になっている。そして、問題を隠せば隠すほど、経済活動が萎縮し衰退していくのである。

たとえば、１９９７年以降の金融危機では、銀行の不良債権の査定をごまかすので、カウンターパーティリスク（取引相手が突然破綻するリスク）が発生してしまう。どこにどれだけ不良債権が眠っているかが分からないので、危ない銀行や証券会社がコール市場（銀行間の短期資金融通市場）で資金を調達できなくなる。預金者は預金を引き出し、タンス預金に走る。他方で、銀行は貸し渋りや貸し剝がしを行う。きちんとした不良債権査定を行わないために、問題がずるずると長引き、何度も何度も公的資金を小出しに注入することを繰り返すことになる。

新型コロナウイルスでも、後に述べるように無症状者を検査せず、ＰＣＲ検査が決定的に不足しているので、たとえば1％の人が感染しているだけなのに、互いが疑心暗鬼になって99％の人がソーシャルディスタンスをとらなければならなくなる。飲食、宿泊、交通、衣料アパレル、対面小売などから深刻な経営危機に陥ってしまうのである。自粛して感染が少し減ると、経済活動を再開する。すると今度は感染が再拡大するという繰り返しになってしまい、いつまで経っても問題が終わらなくなってしまう。

当たり前に考えてみよう。みんなが検査して、飲食・宿泊業で働く人を定期的に検査していれば、安心して食事をし、旅行できるはずである。緊急時に給付金をばらまくのも必要だが、検査をせずにカネをばらまいているのでは、いつまでも問題は解決せず、「ウィズコロナ」では問題が絶対になくならない。地域に応じて無症状者を徹底検査して、お互いがより安心できる街をつくることが、最優先の経済対策になるのである。

ところが、データをとらないので根拠が欠如した政策が続き、リーダーの責任を明確にできずに失敗の上塗りを繰り返し、戦力の逐次投入が行われる。リスクを見極め、果断に一気に処置をとることが不可欠であるが、現実には、ずるずると失敗して問題が終わらなくなってしまう。そして最後は、経済や社会の全体的な衰退過程が始まっていくのである。この間の事態を再度振り返ってみよう。

不良債権問題と原発事故問題

不良債権問題では、何より銀行に対して厳格な不良債権査定という徹底的な検査を行う必要がある。そして、その症状に応じて治療策をとる。具体的には、破綻先債権、実質破綻先、破綻懸念先債権、要注意先債権、正常先債権などリスク別に不良債権を切り分け、必要な貸倒引当金を積んでいく。それで自己資本が不足すれば、不正会計をした経営者の責任をとらせ、公的資金を注入するのである。もうひとつは、欧州でとられたように、銀行を国有化して、不良債権をバッドバンクに集めてゆっくり処理し、残りを再民営化する方法もある。この時も、不良債権の厳格な査定が必須になる。

ところが、経営者や監督官庁は法的責任をとらず、小出しに公的資金を注入してずるずると処理したために、伝染が止まらなくなり、危機が収束できなくなってしまった。人々も銀行同士も疑心暗鬼に陥り、信用収縮やデフレをもたらし、「失われた10年」をもたらしたのである。

結局、不良債権処理に公的資金は表向きだけでも約47兆円が費やされ、ずるずると財政金融政策で支え続けてきた結果、産業の衰退が進んでいってしまった。1997年の金融危機以降、GDP（国内総生産）は停滞し、名目賃金・実質賃金や生産年齢人口は減少を続け、増えたのは非正規雇用ばかりであった。

福島第一原発事故も同じであった。まず、政府や国会の事故調査委員会が設置され、地震が原発事故の原因であるとの指摘があったにもかかわらず、結局、東京電力（東電）と経産省はデータを隠し、廃棄し、検証不能にしてしまった。真っ先に原子力安全・保安院は逃げ、SPEEDI（緊急時迅速放射能影響予測ネットワークシステム）は隠され、半減期が8日と短い放射性ヨウ素のデータもとらず、たくさんの小児甲状腺がんを発生させたが、原発事故が原因とはいえないとされた。そしてメルトダウンのマニュアルがあったにもかかわらず、メルトダウンの事実を2カ月間も隠した。もはや東電は経営的に破綻しているのが明らかだったにもかかわらず、株主総会直前に1兆円の公的資金のつかみ金を渡し、延命していった。

ところが、東電を処理しないまま救済を続けていった結果、2020年12月25日時点で、東電の損害賠償費用は約9兆6853億円に達し、原子力損害賠償・廃炉等支援機構から9兆5231億円の支払いを受けるに至っている（東京電力ホールディングス「原子力損害賠償・廃炉等支援機構からの資金の交付について」）。16年12月20日に、政府の東京電力改革・1F問題委員会が出した『東電改革提言』では、原発事故処理費用を従来の11兆円から約22兆円に引き上げた。ずるずると事故処理費用を利用者や納税者に転嫁していくので、実は原発処理費用にいくらかかるか不明になっている。重電機メーカーも政府の無責任な原発輸出政策に乗っかったが、イギリス、トルコ、ベトナム、台湾、リトアニアなどでことごとく失敗した。その結果、東芝は経営危機に陥り、三菱重工や日立も同様に経営的には苦しくなってきている。ずるずると原発再稼働・輸出政策を続けてきたために、日本は世界で起きている再生可能エネルギーへの転換から決定的に遅れてきている。

危機管理の鉄則とは何か

このように見てくると、まず徹底的に検査をし、問題の規模や本質をきちんと把握して、リスクを正確に見極め、果断に一気に対応策をとることが危機管理の鉄則である。

新型コロナウイルスは厄介なことに、感染後、すぐに症状が出るわけではなく、しかも無症状者が感染させることがあり、しばしばサイトカインストーム（免疫暴走）を引き起こして死に至らしめる点でインフルエンザより深刻である。RNAウイルスで変異が多く、変異する度に、周期的に感染の波を引き起こす。mRNAワクチンは比較的副反応が少なく接種が必要とされているが、抗体はできても効果の持続性はどうか、変異にどの程度対応できるか、生産と供給の期間はどのくらいか、などなおも慎重な検証が求められている。まずは医療従事者から始め、次に死亡リスクが高い高齢者施設で接種することが必要だろう。少なくともワクチンの政治利用は望ましくない。

とすれば、感染集積地（エピセンター）は徹底的にPCR検査を実施し、周辺地域は医療や介護施設、学校や保育園などに勤めるエッセンシャルワーカーを無症状でも定期的に検査する社会的検査を実施する。つぎに陽性者を隔離し、さらにCOCOA（新型コロナウイルス接触確認アプリ）のように、ブルートゥースによる接触追跡（コンタクトトレーシング）を使って感染リスクを減らしていく。もちろん、症状に応じて治療薬を使って治療法を確立していくことが必要となっていく。たとえば、軽症者にはアビガン（ただし妊娠の可能性のある者は除く）、サイトカインストームが起きたら免疫抑制剤のアクテムラといった具合である。こうして重症化率や死亡率を減らしていくのである。

このような危機管理の鉄則が守られたのは、BSE問題の時くらいである。BSEの原因となる肉骨粉の輸入を禁止し、全頭検査を実施し、餌やホルモン剤などを含めトレーサビリティ（追跡システム）を確立しようとした。それによってBSE問題は本格化してから1年足らずで収まったのである。極めて稀な例であった。

我々が直面している課題は、日本の経済と社会をどんどん衰退させている無責任なリスク無防備社会をいかに克服するかなのである。本書では、折にふれて経済政策と関連させて、新型コロナウイルスに関する政府および専門家会議の対応の問題点を明らかにし、正しい政策を提示していきたい。

2.〝やっている感〟の自己演出だけ

失敗はクルーズ船から始まった

安倍政権の政策は、東京オリンピック開催を強行するために、検査を制限して問題を小さく見せる一方、果断な措置をとっているかのように振る舞うものだった。データがないまま、根拠のない政策を正当化するために、自作自演の「非常事態」を演出するパターンを繰り返してきた。安倍晋三首相(当時)がクルーズ船に対してとった「入国拒否」、一斉休校、そして緊急事態宣言はその典型だった。それは、小池百合子東京都知事とも共通している。2020年3月23日に、小池都知事が、IOC(国際オリンピック委員会)と交渉して、東京オリンピック開催延期がきまったとたんに、東京都の「ロックダウン」を言い出したのに典型的に現れている。

コロナ対策の失敗は、クルーズ船「ダイヤモンド・プリンセス」から始まった。安倍首相の〝やっている感〟の極致がクルーズ船の「入国拒否」であった。アメリカ政府が1月31日に過去14日間、中国人および中国に滞在した外国人の「入国拒否」を決めたとたん、安倍首相も「入国拒否」を表明した。その結果、クルーズ船の乗員・乗客を「監禁」状態にした。ＰＣＲ検査を早期に実施し、感染者を適切に隔離し、予防や重症化対策などを速やかに講じるべきだったが、断固とした措置を取ったふりで、防疫も検査も管理もできていなかったのである。

その結果、食事係の乗員が多数感染していたのに「監禁」を続けたために、汚染実験船と化してしまった。驚くべきことに、脇田隆字国立感染症研究所所長（専門家会議座長）らが書いたＣＤＣ（米国疾病対策センター）の週報3月20日付の論文〝Initial Investigation of Transmission of COVID-19 Among Crew Members During Quarantine of a Cruise Ship-Yokohama, Japan, February, 2020〟によれば、最初は2月2日に症状がでた食事サービス乗員が、4日にＰＣＲ検査で陽性になり下船させた。しかし、2月9日に乗員20名（15名は食事サービス乗員）が検査で陽性になり危機的状況が判明したが、脇田所長らは乗客乗員３７００名の下船を禁止し、隔離が必要だったにもかかわらず、14日間放置し、経過をただ観察していたのである。

その間、公私混同で問題になっている大坪寛子厚生労働審議官は、安倍首相の「入国拒否」の方針通り、2月1日に「湖北省以外、検査しない」として、以後検査が進まなくなった。また加藤勝信厚労大臣は2月9日のNHK番組で「空気感染はないからいろんな医療機関でいい」と言い、さらに2月12日の記者会見で、「防護服はいらない」と述べた。専門家会議座長の脇田氏は、2月16日段階でも「発生早期の段階」と発言していた。しかし、その後の2月24日に厚労省の検疫官と事務官それぞれ1名が感染したことが判明し、政府の感染症対策の甘さを露呈させた。

2月15日に、ついに事態を見かねたアメリカ政府が「ダイヤモンド・プリンセス」の乗客を救出するためにチャーター機を派遣することを決定して以降、オーストラリア、香港、韓国などが次々と救出機を派遣した。さらに2月18日、岩田健太郎神戸大教授がクルーズ船に乗船し、レッドゾーンもグリーンゾーンも区別がなく、「中はものすごい悲惨な状態で、心の底から怖いと思いました」と告発する動画を公開した（すぐに削除したが）。ところが、加藤厚労大臣と菅義偉官房長官は、「隔離は適切」と強弁し、監禁汚染クルーズ船から2週間の隔離がないまま帰宅させた。その結果、静岡、仙台、栃木など全国各地に感染をばらまくことになった。そして、ついにオーストラリアでは死者を出した。

結局、武漢の医師らが現地から投稿した英医学誌「ランセット」の報告や中国CDC（疾病対策予防センター）が発する情報を全く無視し、クルーズ船で乗客乗員を監禁状態にしたためミニ武漢化を招き、感染者は712人を超え、死者を13人も出し、局所的パンデミックを引き起こしたのである。

検査制限はなぜ起きたか

クルーズ船の失敗の過程で、できるだけ検査を抑制するように、政府と専門家会議が動いた。3月11日付の日本経済新聞サイトの記事「新型コロナ、日本の検査遅らせた『疫学調査』」によれば、いち早くウイルスの配列は中国の巨大遺伝子企業BGIが決め、世界最大の製薬企業ロシュが検査キットを作っていたが、国立感染症研究所（感染研）が、自分の方法で検査するためキットを使用しなかった。専門家会議は議事録が残されていないが、2月8日に感染研で開かれた「新型コロナウイルス感染症への対応に関する拡大対策会議」の議事録によれば、感染研が民間企業と組んでLAMP法による検査キットの開発についてしきりに議論されている。官製事業の予算獲得を図っている間に、PCR検査がどんどん遅れていった可能性が高い。

その後、2月17日に専門家会議は、「風邪の症状や37・5度以上の発熱が4日以上続く方」か「強いだるさ（倦怠感）や息苦しさ（呼吸困難）がある方」が、「帰国者・接触者相談センター」に行かないと、ＰＣＲ検査を受けられなくした（厚生労働省健康局結核感染症課通達「新型コロナウイルス感染症についての相談・受診の目安について（協力依頼）」２０２０年2月17日）。

小池都知事のブレーンとされる国際医療研究センターの大曲貴夫医師が、2月29日付Ｗｅｂ論座での「追い詰められる医療現場　新型コロナ治療最前線医師に聞く、医療崩壊を防ぐポイント」というインタビュー記事で、厚労省の通達に呼応して、風邪のような症状でも多数が検査しに病院に押しかけると「医療崩壊」を招くという珍妙な検査制限論を展開していた。この間の事態がはっきりしたのは、因果連関がまったく逆だということであった。無症状者を検査しないために、症状がないまま街の中に感染がもぐってしまい、やがて院内感染を引き起こして医療崩壊を引き起こしていくのである。

後述するように、安倍首相は一斉休校を打ち出すとともに、ＰＣＲ検査を４０００件行うと見得をきった。それを受けて、3月6日にＰＣＲ検査が保険適用になったが、結局、「帰国者・接触者相談センター」か「感染症指定医療機関」を通じて「37・5度以上の発熱が4日以上続く方」などの条件をつけた検査制限には変わりがなかった。

ＰＣＲ検査を制限してきたが、軽症で自宅待機しても死亡し、無症状者でも感染させることが分かってきたために、安倍政権と専門家会議は「37・5度、4日間以上発熱」という制限をようやく緩めることになった。それだけで約3カ月近くもかかった。それでも、4月6日に「緊急事態宣言」を決める際、安倍首相はPCR検査を1日2万件に増やすと会見で述べたにもかかわらず、実施数はせいぜい9000件台で、いつまでたっても2万件は実現しなかった。加藤厚労大臣は検査能力を「拡充する」と言っているだけで「検査する」とは言っていないと開き直る始末であった。

病院の病床削減や保健所の縮小といった「新自由主義」政策がPCR検査制限の背景だとする議論もあるが、検査制限の根拠としては必ずしも当てはまらない。保健所だけがPCR検査機を持っているわけではなく、大学研究機関も民間機関も大量のPCR検査機を持っている。保健所は国立感染症研究所など厚労省の指示にしたがって検査制限を行っているだけだ。ドライブスルー方式によるPCR検査も、医師会が実施した。そして事後に、厚労省も認めざるをえなくなったのである。

しかも、前に述べたように、検査の増加が医療崩壊をもたらしたのではなく、検査制限が無症状者の隠れ感染を拡大させ、やがて院内感染を横行させ、医療従事者の不足と医療崩壊をもたらした。同時に新型コロナ患者以外の患者が診療に来られず、病院を赤字化させて医療崩壊をもたらしているのである。クルーズ船の大失敗で最初の水際対策からつまずき、新型コロナウイルスが無症状者によって感染拡大をもたらし、時には免疫暴走をもたらして死亡率が高いという特徴から、従来型のインフルエンザ感染症対策では全く対応できなかったのである。

さらに言えば、民間機関まで広げるのに時間がかかったが、アメリカでも中国でも韓国でも、大学および大学病院が膨大な検査を担っている。ところが、この間、日本の大学は、文科省が安倍首相の「緊急事態宣言」によるステイホーム＝「外出自粛」政策にしたがって、大学・研究機関までもほとんど閉鎖し、自分の健康状態を知りたいという多くの国民の権利を放置して、ＰＣＲ検査を拡大しようとしなかった。厚労省だけでなく縦割り行政で文科省がサボタージュしたのである。もちろん縦割り行政を見直すという菅義偉政権も、この縦割り行政の問題は放置したままだった。

3. データのない全国一律措置は無意味

データなしの一斉休校措置

「入国拒否」の次は、小中高などの一斉休校という〝断固とした措置〟の演出であった。安倍首相は2月26日に「これから1、2週間が分岐点だ」と言い、データがないまま、「専門家」会議の意見をも無視して、一斉休校を始めた。（武漢型ウイルスだった）中国の5万6000人のデータに基づくWHO共同調査報告書でも「子どもの感染は少なく、重症者も少ない」と指摘されており、全国の「一斉休校」はほとんど無意味であった。地域の感染実態も地方自治も無視して休校を強制できるのかという問題が浮上して、結局、安倍側近の萩生田光一文科相は「実情を踏まえ、さまざまな工夫があっていい」と逃げ道を作った。結局、口だけ出して、感染は自己責任と言っているに等しかった。

その後、3月9日が2週間目だったが、感染者数も死亡者数も増え続けていった。2月29日の記者会見で、安倍首相は検査数を4000以上に増やすと言明したが、厚労省公表によれば、3月9日段階でも累計で1万192件しか検査していなかった。ところが、政府を忖度して、その方針を容認してきた「専門家」会議は、世界的に見て圧倒的に少ない検査数データのまま、今度は一切の検査数データを示さずに「持ちこたえている」と宣言した。

ところが、3月14日の安倍首相の記者会見もまた〝やっている感〟を演出するだけであった。検査を少なくして感染を小さく見せてきたが、安倍首相は「人口1万人当たりの感染者数は世界より少ない」と、逆に「日本モデル」の「成功」として成果（?）を強調した。「37・5度の発熱が4日間までは自宅で」とされ、PCR検査は「帰国者・接触者相談センター」か「感染症指定医療機関」しか受け付けないので、検査数が世界と比べて断然少なくて、隠れ感染が多くいる可能性が高く、次第に感染経路も分からなくなっていった。隠せば隠すほど問題は大きくなる。とくに東京都は、3月16日時点で、「帰国者・接触者相談センター」に2万5205人が相談に来たが、たった334人にしか検査しておらず、99％が拒否されているのが実態であった。その結果、感染経路が不明な感染が拡大した。

その前の2月29日、安倍首相は官邸記者クラブの幹事社が仕切る記者会見を行い、プロンプターに映される原稿を読み上げ、最後には質問を一方的に打ち切って終わった。3月2日に出された「専門家」会議の2回目の「見解」でさえ、当初「無症状、あるいは軽症の人が感染拡大を強く後押ししている可能性がある」という文書をまとめていたが、最終的には「症状の軽い人も、気がつかないうちに、感染拡大に重要な役割を果たしてしまっている」という表現になった。この直前の2月28日には北海道で独自の緊急事態宣言が出されていて、政府側は「パニックが起きかねない、無症状の人に対しては何もできない」と説明したという。

その一方で、政府の専門家会議委員である岡部信彦・川崎市健康安全研究所長は、改正新型インフルエンザ等対策特措法に基づく緊急事態宣言の発動に関しても「新型コロナはそこまでのものではないと考えている」として強く反対したという（朝日新聞2020年3月18日付「新型コロナ 緊急事態宣言は必要か」）。当初、「専門家」会議でまっとうな議論をするメンバーもいて、政府に忖度する「たかがコロナ」派との間で論争が起きた可能性が高いが、議事録を作成していないために、検証できず、それゆえ「専門家」会議は責任を一切とらないものになった。ちなみに、この「たかがコロナ」論は、後に6月24日になって「専門家」会議が改組され、分科会となっても維持されていると考えてよいだろう。

全国一律の「緊急事態宣言」

全国一斉休校の次は、4月7日に政府が出した「緊急事態宣言」である。検査データが不足しているので何とも言いがたいが、当時の感染者数をみれば、そのピークは4月上旬だった。だが、結局、5月4日に再度5月31日まで延長し、外出自粛を延長した。「緊急事態宣言」を発するひとつの根拠として、「専門家」会議が4月22日に「接触8割を削減すれば、1カ月で感染者数が減る」としていたことがある。だが、一般的に接触を減らせば、感染者数は減る傾向になるが、結局、「8割」という数値には具体的な実証的根拠はほとんど示されていなかった。

言うまでもなく、外出自粛は「隔離」ではない。さりとて、死亡率を抑えるために、抗ウイルス剤などを使った治療法を考え、普及させるわけでもない。結局、その後の事態を見れば明らかなように、「ステイホーム」を言うだけで、何もしないでただ待つだけの無策だったにすぎない。それは、ある意味でクルーズ船を全国化させたのと似ている。「ステイホーム」を続けていれば、繁華街で無症状者の感染をもぐらせ、家庭内感染がジワジワ広がる一方、院内感染や高齢者施設で集団感染が進行していくことになる。そして実際に、経済的打撃を大きくさせる一方で、多数の人間の命が奪われてしまったのである。

実際に、東京都での院内感染はひどかった。5月23日までに、400床の永寿総合病院では、214名の感染と43名の死者を生んだ（永寿総合病院院長「診療再開にあたって」2020年6月8日）。ほぼ同時期に、山田記念病院では71名の感染と6名の死亡が起きていた。中野江古田病院は、115名の感染で死者は13名だった。武蔵野中央病院は6月16日で累計54名感染など、大規模な集団感染が起きている。他にも、慶応病院や慈恵医大病院、がん研有明病院、都立墨東病院、都立大塚病院、都立駒込病院など地域の基幹病院で次々と新型コロナウイルスの院内感染が生じたことが報告されている。ちなみに大阪でも、4月末の段階で、なみはやリハビリテーション病院では133名が集団院内感染し、13名が死亡している。ところが、こうした次々起きている院内感染の実態も、患者を死に至らしめた経緯も原因も十分に情報開示されているとは言いがたい。

そして、北海道はいったん緊急事態宣言を出して収まったかに見えたが、解除したら第2波が襲ってきている。札幌市内の北海道がんセンター、札幌呼吸器科病院などを中心に院内感染や、高齢者施設での感染が拡大していった。

こうした教訓が十分に活かされておらず、2020年7～8月の第2波に次いで11月に始まった第3波でも、311名の集団感染が生じた旭川厚生病院、216名の集団感染を起こした旭川吉田病院など大規模な院内感染が広がり、介護施設などの高齢者施設の集団感染が起きている。

解除の根拠も客観的な意味がなかった

実は、安倍首相が示した「緊急事態宣言」の解除基準も客観的な根拠が乏しかった。政府は、5月14日、39県を解除するとともに、次のような怪しげな数値目標を出し、これらを「総合的に判断する」と説明した。

（1）新規感染者が減少傾向にある
（2）直近1週間の10万人当たりの感染者が0・5人未満程度
（3）重症者が減少傾向であり、医療提供体制がひっ迫していない
（4）PCR検査など検査システムの確立

他方、小池百合子東京都知事は、以下の7項目を挙げた。

（1）新規陽性者が1週間の平均で1日20人未満
（2）感染ルートが分からない人が1週間の平均で50％未満

（3）週単位の陽性者の増加比が1未満
（4）重症患者数
（5）入院患者数の減少
（6）ＰＣＲ検査の陽性率
（7）受診相談件数の減少

だが、「東京アラート」解除後に早くも平均で毎日20名を超え、（1）～（3）が条件を満たさなくなって、新規陽性者が1週間の平均で1日50人未満に条件を緩和したが、6月24日からその基準も上回り出した。もっとも人口あたりの検査数は、ドイツのおよそ20分の1、韓国の約8分の1しかなかったので、データがなく「隠れ感染」が多い。ちなみに、人口１００万人当たりの検査数で見ても、多少改善したとしても、21年1月21日時点でさえ、世界２２０の国と地域のうち、１４７位にとどまっている。

（4）の重症化についても、東京都の重症者基準はエクモ使用なので、①人工呼吸器を使用、②エクモを使用、③ＩＣＵ（集中治療室）などに入室のいずれかが当てはまるという全国基準からみると、非常に狭い水準に見える。さらに、11月以降の第3波では、大阪の死者の8~9割が、重症化基準に入らない、軽症もしくは中等症のまま亡くなっている。ともあれ、国や東京・大阪などで、解除基準の数値には客観的な意味はほとんどなく、政治的恣意的な判断にすぎないのである。

無症状者が感染させる以上、エピセンターを中心にして徹底的なPCR検査を行い、その周辺地域では介護士、保育士、学校教職員などのエッセンシャルワーカーに定期的に社会的検査を行う精密医療(Precision Medicine)が必須になる。無症状者の感染をつかめないまま、こうした曖昧な基準で対策を行った場合、自粛すれば、接触が減る分だけ感染者数はいったん減るように見えるが、無症状なまま街中に感染者がもぐってしまい、経済活動を再開すると、感染が再拡大してしまう。つまり、自粛と経済活動再開のジレンマが生じてしまうのである。

このウイルスはしつこい。ジレンマをかいくぐって、変異するたびに、周期的に感染の波を発生させる。最初は中国・武漢型、つぎはイタリア・ミラノ型、そして東京型・埼玉型であった。だが、「第3波」と言われる11月からの感染の波は、ゲノム解析がなされていないのかデータが隠されているのか不明になっている。イギリス型と言われる変異型は感染力が強く、日本は東京オリンピックの開催のために空港検疫を緩和したため、日本にも入っている事例が発見されている。

ともあれ、第2波が起きてきた最中、7月16日付で国立感染症研究所の黒田誠博士らが分析した「新型コロナウイルスSARS-CoV-2のゲノム分子疫学調査2」が、公表されたのは8月5日であった。7月22日からＧｏ Ｔｏトラベルキャンペーンが開始されるために、データは公表されなかった。第2波の感染のピークは7月終わりから8月初めだった。後の祭りとなった。

10月1日に外されていた東京発着のＧｏ Ｔｏトラベルキャンペーンを開始する際も、政府の専門家分科会は、ステージ1か2ならばよいと、無症状者への徹底検査体制を作らず、容認した。10月28日に、政府はＧｏ Ｔｏトラベルの延長を図ろうとし、分科会はこれも容認していた。11月20日も赤羽一嘉国交相はＧｏ Ｔｏトラベルの見直しは必要ないという認識を示していた。11月25日に「勝負の3週間」と称して飲食店の時短など対策を出したが、全く効果はなく失敗した。政府の分科会は12月11日になって、「ステージ3相当」の対策が必要な地域で、感染が拡大または高止まりしている場合には、Ｇｏ Ｔｏキャンペーンの一時停止を提言した。政府は12月14日に一時停止を決定したが、効果はなかった。20年12月25日の記者会見で、菅首相は尾身茂氏の発言を引きつつ、緊急事態宣言を発出する段階にないとしていたが、結局21年1月7日に、2月7日まで1都3県を対象にして緊急事態宣言を発出せざるをえなくなった。結局、エピセンターを中心にした無症状者への徹底検査をやらないかぎり、自粛と経済活動再開のジレンマを抜けられず、何度でも失敗を繰り返すことになるだろう。

4. コロナで死ぬか、経済で死ぬか

ジレンマに陥るコロナ対策

2020年11月に、予想通り、新型コロナウイルスの感染第3波が来たが、その勢いは急速で21年1月8日には全国の新規感染者数は7882人を数えた。1月7日には二度目の緊急事態宣言の発出を余儀なくされた。第3波は起こるべくして起きている。前述したように、クルーズ船以来、政府とその「専門家」らは「37・5度の発熱4日間」がないと検査ができないと、一貫して無症状者に対するPCR検査を拒否してきた。いまは世界ではプール方式や自動化によってPCR検査のコスト削減が進んでいるが、今度はプール方式の効果を否定してやらせない。その結果、初期段階から日本は検査数が抑えられ、21年

1月21日段階でも、人口100万人あたりの検査数は220の国と地域の中で、日本は147位と圧倒的に低いままにとどまっている。

これまで繰り返し述べてきたように、新型コロナウイルスを封じ込めなければ、どんな経済政策を打っても効かない。ジレンマに陥っている。自粛していったん感染が減っても、経済活動を再開すれば、たちまち感染が拡大してしまい、飲食、宿泊、交通、衣料アパレル、百貨店、建設業や製造業の一部などで、中小企業中心に倒産や休廃業、非正規雇用を中心に雇い止めが止まらなくなってしまう。その意味で、今回のコロナ禍において発生した「伝染による不安心理」を解消していくには、銀行の不良債権処理問題以来、露呈させてきたリスク管理の根本的欠陥を取り除くことが必須になる。

菅義偉内閣も「感染拡大の防止と社会経済活動の両立に全力で取り組む」というが、結局、抜本的なコロナ対策をせずに、Go Toキャンペーンをはじめ経済活動を再開することに重点を置いてきた。「自粛」に飽き、経済的に立ち行かなくなっている人々は、こうした動きを支持してきたが、それが破綻を導くことになるのも必然だった。

前にも述べたように、エピセンターとなっている都心4区（新宿区・渋谷区・港区・中央区）を中心にして、徹底して無症状者に対するPCR検査を行わなければならない。また周辺地域では介護士・保育士・学校教職員ら、エッセンシャルワーカーの定期検査を行っていかなければ、感染の収束を図れない。政府は「ウィズコロナ」あるいは「新しい生活様式」と言っているかぎり、結局は、自粛か経済活動かというジレンマに陥ってしまう。無症状者を見逃し、そこから感染が再拡大していくからである。今回の第3波が起きることは当然、予想される事態だったのである。

ますます異常になる日銀金融緩和

では、自公政権は抜本的コロナ対策をしないで、何をするか。自らが感染拡大を引き起こしながら、ひたすら財政支出を増やして給付金をばらまいて「救済」するだけになっている。それは、マッチポンプのような詐欺商法に似ている。

第3章で詳しく述べるが、日銀はゼロ金利の貸付金を大量に供給し始めた。この日銀の異常な資金供給によって、コロナ禍で中小企業経営も雇用も含めて実体経済の悪化がひどいにもかかわらず、株価は急上昇し、大都市圏マンションの販売はいったん低下したものの、再び急拡大している。当然だが、コロナ禍のバブルは、格差社会を一層深刻化させていく。富裕層は働かずに資産バブルの恩恵を受ける一方、コロナ禍で多くの倒産、休廃業、そして雇い止めが引き起こされていく。しかも、産業衰退が進んでいる限り、コロナ禍のバブルには持続可能性はない。

なぜ、こうした経済社会の行き詰まりが生じてしまったのだろうか。本章で明らかにした危機管理の欠如は、戦争責任を問えない戦後日本社会の体質に帰因しているということであった。いまや、こうした社会体質は、仲間内資本主義（クローニーキャピタリズム）をもたらし、次第に近代国家の基盤をも掘り崩しかけている。

第2章
腐敗とたかりの「仲間内資本主義」を正す

経済社会の衰退

縁故主義がもたらす仲間内資本主義

安倍政権の体質は開発独裁に起きる「仲間内資本主義（クローニーキャピタリズム）」と非常に似ている。第1章で述べた無責任体制は、失敗の責任をとらずにかばい合う、身内だけに「利益」を分け合い、権力に近い人間や企業だけが優遇される〝縁故主義〟を生む。それはしばしば不正や腐敗を表面化させる。当然のことながら、公正なルールが欠如した仲間内資本主義では新しい産業は育たず経済社会も衰退していく。やがて不正や腐敗や政策の失敗をごまかすために、議会制民主主義、行政の公正性あるいは司法の独立性などの近代国家の原則をも否定し始めていく。それが、1997年の金融危機、2011年の福島第一原発事故、2020年の新型コロナ禍といったメガ・リスクが発生するたびに、症状が悪化して、ついに安倍晋三・菅義偉政権に行き着いたのである。

戦争責任を曖昧にしたまま、歴史修正主義をとる安倍政権がこうした開発独裁的な「仲間内資本主義」を生むのは必然的であった。それがたまたま起きたのではなく、無責任体制という「体質」であることを理解するには、安倍政権の間に起きた不正や腐敗を列挙すれば十分だろう。

まず、2013年に「法の番人」とされる内閣法制局長官に、内部昇格という慣例を破って憲法解釈の変更に前向きな外務省出身者（故・小松一郎元フランス大使）を起用した。小松氏は集団的自衛権行使を容認するなら憲法改正が必要だという内閣法制局の立場を覆して、閣議決定による解釈改憲で対応する道筋をつけて退任した。小松氏が退任直後の14年5月30日に内閣人事局を設置させ、公文書改ざんにも走ってしまう忖度官僚が大量生産されるようになった。

問題は、森友学園に破格に安い価格で国有地が払い下げされたことで表面化した。安倍昭恵夫人が名誉校長につくなど、関与が疑われ、17年2月17日、衆議院予算委員会で、安倍首相は私学設置認可や国有地払い下げに「私や妻が関係していたということになれば、総理大臣も国会議員もやめる」と答弁した。翌週の2月24日、当時の佐川宣寿理財局長が、売却に関する交渉記録は1年未満の保存期間なので廃棄済みと答弁した。そして菅官房長官は、記者会見において「交渉記録は1年未満で廃棄だが、30年保存の公文書（決裁文書）に書いてある」と述べ、昭恵夫人は無関係であるとした。

ところが、国有地売却に関する決裁文書のうち、交渉経緯などを詳細にまとめた「調書」に昭恵夫人や国会議員の名前が出てくる記述があったため、答弁にあわせて大幅に内容を削除するなどの改ざんが行われていたことが明らかになった。18年3月7日、近畿財務局職員の赤木俊夫氏が自殺した。だが、佐川氏らは裁判で罪を問われることなく、妻の赤木雅子さんは損害賠償訴訟を起こした。その際の「赤木ファイル」が存在しているとされるが、麻生太郎財務大臣も菅官房長官（現首相）も再調査を拒否している。

つぎは、国家戦略特区事業で、ニューライフサイエンスと言いながら研究業績がほとんどないにもかかわらず、安倍首相と大学時代からの友人という加計孝太郎理事長の加計学園が獣医学部新設の対象として選ばれたことだ。実績を持つ京都産業大学と比べて、なぜ選ばれたのかが問題になる中、国家戦略特区ワーキンググループのヒヤリングで議事録が改ざんされている問題が浮上した。

産業衰退を加速

仲間内資本主義は産業衰退を加速させてきた。

『総理』という著作がある、安倍首相と親しかった山口敬之元ＴＢＳ記者と近い関係にあった齊藤元章社長のペジーコンピューティングが、文科省や経産省から巨額の助成金を詐取する。齊藤氏は2015年5月に麻生副総理が国会で賞賛し、2016年10月に経済財政諮問会議の「2030年展望と改革タスクフォース」の委員に抜擢された。ところが、ペジーは、業務委託費を水増しした虚偽の実績報告書を新エネルギー・産業技術総合開発機構に提出、受け取った助成金を負債の返済や会社の資金繰りにあてていた。約100億円もの助成金のうち、文科省などの約60億円が返還されたが、経済産業省の28億円の助成金がまだ返還されていない。

INCJ（旧産業革新機構）など14の官民ファンドのうち、アベノミクスとともに12のファンドが設立されたが、2016年度末時点で6つが損失を出している。世耕弘成元経産大臣の下、産業革新機構（現INCJ）が出資した半導体のルネサスエレクトロニクスやディスプレイのJDI（ジャパンディスプレイ）の失敗も惨憺たるものだ。JDIは、三洋電機元副社長の本間充CEO時代の2015〜16年度にかけ、累計100億円程度の在庫を過大計上し、粉飾決算の疑惑が発生した。約3500億円もの血税を投入したにもかかわらず再浮上できず、不正会計を助けた社員は自殺。ファンドへの投げ売り状態に陥っている。海外需要開拓支援機構（クールジャパン機構）でも出資企業に対して税金で損失を補填する仕組みになっているが、累積損失は約200億円（2019年度）に達している。さらに、「農林漁業成長産業化支援機構（A―FIVE）」は最終赤字が120億円（2025年度）になる見込みになっている。2014～19年に公表の事業のうち少なくとも7件で、機構の株主企業6社に出資総額の3割にあたる約196億円が還流されていた。

安倍政権の成長戦略の目玉で菅首相が推進役だったカジノも不正腐敗がひどい。当時、統合型リゾート（IR）を所管する内閣府副大臣だった秋元司議員は、カジノを含むIRへの進出を狙った中国企業「500ドットコム」から、現金や中国、北海道への旅行費用など、総額800万円近くを贈与されたとして起訴された。しかも、秋元議員は贈賄側の中国企業の元顧問に偽証を働きかけ、多額の現金を渡そうとしたなどとして追起訴された。その過程において、カジノを管理するカジノ管理委員会まで、IRに関するコンサルティング業務を手がけている監査法人2社からの出向者が担っていたことが明らかになった。仲間内資本主義そのものである。

さらに、インフラ輸出という成長戦略の軸として、安倍政権は原発再稼働・原発輸出を推進する中で、元資源エネ庁次長だった今井尚哉氏を政務秘書官にして、原発セールス外交を展開してきた。

その後、高浜町元助役が役員を勤める原発関連企業から関西電力の役員ら20名が3・2億円相当の金品を受けていたことが暴露された。その際、安倍政権になって、側近の世耕氏（官房副長官時代）は、2015年4月に福井地裁が高浜原発の運転差し止め決定を行う状況の下で、2012〜15年に元助役の関連企業の柳田産業から600万円の政治献金を受けていた。そして世耕氏は官房副長官として原子力関連閣僚会議に参加し、原発再稼働方針を決めていった。しかし、世界中で原発コストが高まる状況で、安倍政権の原発輸出外交はことごとく失敗し、東芝をはじめ重電機メーカーが経営困難に陥っていった。いまや東芝ITサービスの435億円の架空取引が露呈し、東芝機械が全株を取得したが、旧村上ファンド系のシティインデックスイレブンスが東芝機械にTOBをかけ、車谷暢昭会長が社長になる異例の事態に陥っている。2020年夏の東芝株主総会では、経産省参与となった水野弘道氏が、東芝の議決権4％超を保有するハーバード基金に法的根拠のない干渉をして、議決権行使を断念させたという。フェアなルールが損なわれてしまうと、企業経営も産業も壊れていき、しだいに収拾がつかなくなっていく。

近代国家の基盤をも壊し出す

一連の不正腐敗は単なる個人的なスキャンダルにとどまらなくなった。近代国家の基盤をも破壊する行為へと、次々に発展していった。時の権力者が公金を私的に流用できれば、封建的な王政と変わらなくなってしまうからである。ところが、税金を使って開催される首相主催の「桜を見る会」は、安倍首相の後援会員が参加募集をかけて多数招待されており、後援会の選挙活動に悪用した問題が生じたのである。それどころか、マルチ商法の詐欺容疑のジャパンライフ元会長が招待状を顧客の勧誘に利用していたり、後援会は受付開始時間前に特別に入場が許されていたり、目に余る行為が横行していた。

にもかかわらず、内閣官房と内閣府の一部だけが「桜を見る会」への推薦者名簿に関して保存期間を1年未満にして廃棄したとして提出を拒否した。また廃棄ログを公開しなかった。さらに、私人である安倍昭恵夫人の知人が経営する外食企業ジェーシー・コムサと随意契約を結んで優遇されていた疑いもある。

それだけではない。「桜を見る会」の前夜に開かれたホテルの夕食会が5000円という破格に安い参加費であった。そして安倍首相は、ホテル側が事前に参加費の領収書を手渡したとする、通常ありえない方法で行ったという答弁をした。加えて、ホテル側には明細書も領収書も提出をさせなかった。安倍首相が辞任をした後、そのカラクリが弁護士・法学者らの訴訟を契機にして明らかにされた。それによれば、16〜19年の4年間に、政治資金収支報告書に記載しなかった計約3022万円の収支のうち、収入とされるべき会費分は計約1157万円であった。公設第一秘書が代表を務める政治団体「安倍晋三後援会」が支出となるホテルへの支払1865万円との差額708万円を補塡していた。そして、政治資金収支報告書に記載されておらず、政治資金規正法違反に問われた。結局、安倍首相は計118回も虚偽の国会答弁を行っていたことになる。「桜を見る会」は、一国の首相が「国家」を私物化する行為として露呈したのである。ところが、公設第一秘書の略式起訴で法廷は開かれず、安倍氏は国会でも「知らなかった」という「説明」を繰り返した。

つぎに、森友問題では公文書が改ざんされたが、政府の政策を検証すべき政府統計も改ざんされた。政府がどんな政策的失敗を犯しても、統計を変えてしまえば、責任が問われることはないようになった。この国は、もはや先進国とは言えなくなった。

賃金統計の改ざん自体は長く行われてきたが、偽装のきっかけは安倍首相と麻生財務相の発言だと考えられる。２０１５年10月16日の経済財政諮問会議で、麻生財務相は「サンプルの入替え時には変動があるということもよく指摘をされている」「具体的な改善方策を早急に検討していただきたい」と発言した。そして、その通りのことが起きた。

３％賃上げは、２０１７年10月26日もひとつの転機だった。安倍首相が経団連に「３％賃上げ」を繰り返し要請したのに続き、２０１８年１月16日の経団連はその要請を受け入れた。さらに１月29日には、国会で裁量労働制は一般の労働者より労働時間が短くなると答弁をした。

ほぼ時期を同じくして、安倍首相側近の加藤勝信前厚労大臣の下で、裁量労働制の調査データが不適切に処理された。同時に、毎月勤労統計のサンプルの一部組み替えが行われ、データの補正が始まり、全数調査を装う改ざんが行われた。その結果、11カ月連続の給与「上昇」という「偽装」が行われることになった。そして石破茂氏によるアベノミクス批判が強まる中で行われた自民党総裁選の１カ月前の８月７日に、６月の賃金指数が３・３％上昇と発表され、９月に安倍首相は自民党総裁選で３選を果たした。

その後、問題が露見したために、18年６月の賃金上昇率が「３・３％増」から「２・８％増」に下方修正された。総務省の統計委員会の見解では、サンプル変更前の「１・４

%」が正しいとされた。サンプリングをこっそり変えて、二重に嵩上げされたのである。結局、18年の大半で実質賃金がマイナスであることを厚労省も認めた。サンプリング変更前に戻せば事態はもっと深刻であった。公文書や政府統計を改ざんできれば、どんなに政策が失敗しても、ごまかすことができることになったのである。これでは、民主主義のチェック機能が働かない。

ところが、不正調査の過程もひどかった。厚労省が賃金統計データを総務省に提供するが、18年1月、サンプリングを変え、急に給与統計が上昇。異常に気づいた日銀が基礎データの提供を求めたが、総務省と内閣府は頑なに拒否した。西村清彦統計委員長の指摘で事態が露見し、第三者調査と称して、厚労省の特別監察委員会による調査が行われたが、人事や不祥事対応を担う定塚由美子官房長が5人を聴取し、ナンバー2の宮川晃厚労審議官も3人の聴取に同席した。特別監察委員会は、この厚労省幹部が主導して作成した答申案を丸呑みにした。財務省の森友文書改ざん問題の調査においても、矢野康治官房長が調査責任者だったが、厚労省も内輪の調査で「組織的隠蔽」はなかったと結論した。これではとても第三者調査とは言えまい。隠蔽は政府や官僚制の信頼性を著しく損ねていった。

司法の独立性も危うい

検察は、仲間内資本主義がもたらす不正や腐敗を追及するどころか、見逃す事例ばかりが目立つようになった。すべてをあげる紙幅がないくらいだ。

大臣室で現金を授受し、録音テープも残っている甘利明元経済再生担当大臣。ハードディスクをドリルで破壊して政治資金規正法違反を免れた小渕優子元経産大臣。任意団体「博友会」の政党支部への政治献金問題や加計学園の献金の政治資金収支報告書不記載問題や大学入試改革におけるベネッセとの「癒着」疑惑など次々疑惑が浮上する下村博文元文科大臣。先に述べた関西電力の原発マネー還流では、関連企業から政治献金を受けた世耕弘成元経産大臣。高市早苗元総務大臣や萩生田光一文科大臣も公選法違反疑惑を報じられ、選挙区でメロンやカニを配った菅原一秀元経産大臣など枚挙に暇がない。そして安倍首相夫妻が深くかかわっている森友疑惑で、公文書を改ざんさせた佐川宣寿元国税庁長官でさえ無罪放免にしている。

このような多くの不正腐敗の事例にもかかわらず、当人たちは「説明責任」を放棄し、ひどい場合には「睡眠障害」などを理由に、国会を長期休んで逃げ回る。カジノの秋元司元内閣府副大臣にいたっては偽証させるために買収して追起訴されている。他方で、開き直って逃げ回っている自民党の岩屋毅元防衛相と他5名の議員、日本維新の会の下地幹郎元郵政民営化担当相はそのまま国会議員にとどまっている。自民党本部から政党支部へ1億5000万円が振り込まれていたうえに、ウグイス嬢ら選挙運動員に3万円を配って二重の領収書を出させ、広島県議選挙前に県議にカネをばらまいたとされる河井克行元法務大臣と妻の河井案里参議院議員。起訴されたものの、1億5000万円が政党助成金という税金から出されている可能性が高いが、十分に解明されずに終わる危険性がある。さらに、その捜査の過程で、吉川貴盛元農水大臣が、広島に本社がある鶏卵業者アキタフーズの会長から、18~19年の大臣在任中に大臣室で500万円の現金授受が行われたことが発覚し、起訴された。

こうした中で、ついに、安倍政権は三権分立という近代国家の大原則を踏みにじる行為を行った。2020年に入って、菅義偉官房長官に近いとされた黒川弘務東京高検検事長の定年を半年間延長することが、1月末の閣議で決められた。黒川氏は2月8日に、検察庁法の規定にある63歳の定年を迎える予定だった。検察官の定年延長は過去に例がなく、稲田伸夫検事総長が慣例通り約2年で勇退することを念頭に、黒川氏が検事総長になれるようにしたといわれている。法務省の官房長や事務次官を務めた黒川氏は、安倍政権では共謀罪などの重要法案策定にたずさわった。この間、森友問題、加計学園問題、桜を見る会など安倍首相夫妻が直接かかわる案件などが、司法の手でその責任を問われないようにしたと疑わせ、世論の大きな反発を引き起こしたのである。

議会制度の否定

近代国家の基盤の破壊という状況はコロナ対策でも続いている。それは、議会（国会）による政府予算の議決とチェックという財政民主主義の原則を無視しているからである。

この間、飲食、宿泊、交通、アパレル、小売などの中小零細企業は極めて深刻な経営状況に直面しており、財政支援を必要としている。実際、新型コロナウイルスの影響で、21年1月15日段階でも倒産件数が897件に及んでいる（帝国データバンク調べ）。倒産まで行く前に、2020年1～10月に休廃業・解散した企業は4万3802件（前年同期比21・5％増）に達したが、このペースが続くと、年間5万件を超すだろうと予測されている（東京商工リサーチ調べ）。さらに、21年1月8日時点で、新型コロナウイルスの影響で解雇や雇い止め（見込みを含む）にあった働き手が8万836人に及んでいる（厚労省調べ）。これは都道府県労働局及びハローワークの数字なので、実際にはもっと多いだろう。

こうした状況では緊急経済対策が必要となるのは当然だろう。だが、問題はその先にある。新型コロナウイルス問題の追加支援策を盛り込んだ2020年度の第2次補正予算（総額31・9兆円）では、10兆円もの巨額の使途不明の予備費が盛り込まれた。野党の猛反発もあって、政府は半分の5兆円については、雇用調整助成金など雇用維持や生活支援に1兆円程度、持続化給付金など事業継続に2兆円程度、医療提供体制の強化に2兆円程度をあてるという、大まかな方向は示したが、残る5兆円は不測の事態に「迅速に対応する」としただけだった。しかも、第1次補正予算（第1次の緊急経済対策）で盛り込まれた持続化給付金で問題とされた不透明な民間委託についても十分に解決されないままである。そのうえ、2021年予算案でも5兆円の予備費が計上されている。明らかに、間もなく行われる総選挙を前にして、政権が自由に使える資金を得ることができる。

このような不明朗な予算手続きは、「国の財政を処理する権限は、国会の議決に基いて、これを行使しなければならない」という憲法83条で規定された財政民主主義と議会主義を形骸化させる。

実際、議会が使途を決めずに使える予備費としては、あまりに巨額である。たとえば、リーマンショックの予備費はおよそ1兆円だった。あるいは、東日本大震災において、2011年度の第2次補正での予備費でも8000億円だった。同じ自然災害や大きな不況の時と比べても、額が異常に大きい。総選挙の前に、こんな巨額を政府与党が議会のチェックなしに勝手に使えるとしたら、独裁政権と変わりないのではなかろうか。

1215年のマグナカルタや1628年の権利の請願を引くまでもなく、財政民主主義こそが議会制度（国会）の起源である。予備費10兆円（21年度予算案ではさらに予備費5兆円が積まれている）は国民から徴収した税金である以上、国会の議論と議決なしに政府が勝手に使えるものではない。もし、その原則を壊せば、日本がもはや近代国家ではないということになる。検察庁法改正で三権分立を破壊する試みをようやく断念させたばかりなのに、今度は財政民主主義と議会制度を破壊しているのである。そして、それは「成功」してしまった。アベノミクスによって、「出口のないねずみ講」のようにして財政支出の膨張がもたらしたひとつの結果である。

癒着とトンネルとピンハネ

問題になっている持続化給付金についても、かりに民間委託が必要であったとしても、十分な情報公開と透明性が確保されねばならないはずである。ところが、委託関係が意図的とも思えるぐらいに幾重にもできていて、会計監査がしにくいようになっていた。今回は、受託団体である「一般社団法人サービスデザイン推進協議会」が3％（約20億円）を抜いたうえで、委託費の約97％に当たる約749億円で電通に再委託し、電通は、さらにグループ会社5社に外注。電通ライブは竹中平蔵氏がグループの会長を務める人材派遣大手のパソナ、ITサービス業のトランスコスモス、大日本印刷、イベント会社のテー・オー・ダブリューに業務をさらに外注した。「再々々委託」である。ここまで外注を繰り返してピンハネしたうえで、会計監査をしにくくする意図はなかったとは言えないだろう。それは、受託団体であるサービスデザイン推進協議会の職員21人が、広告大手の電通やパソナ、トランスコスモスなどからの出向者で占められていることから、容易に推測できる。つまり、サービスデザイン推進協議会は実態としてはトンネル団体だということになる。

しかも、持続化給付金事業を委託した経産省の前田泰宏中小企業庁長官が、これら「民間業者」と蜜月の関係にあることも暴露されている。前田氏が大臣官房審議官時代に、民間業者と米テキサス州へ視察旅行をし、マンションで「前田ハウス」を借り切って飲食パーティをしていた。その中に、持続化給付金を委託したサービスデザイン推進協議会の平川健司業務執行理事も「電通子会社の社員」も参加していた。

サービスデザイン推進協議会はこれまでにIT導入支援など、経産省の14事業を受託したが、その事業の多くも電通などに再委託されている。さらに、「環境共創イニシアチブ」が総務省から受託した「マイナポイント」事業を約140億円で電通に再委託している。サービスデザイン推進協議会を通じて家賃支援給付も約942億円でリクルートに再委託している。

ちなみに、サービスデザイン推進協議会の入居ビルには、「商店街まちづくり」、「中心市街地活性化」、「農商工連携等によるグローバルバリューチェーン構築」、「小売事業者・ふるさと名物開発等支援」、「商店街・まちなかインバウンド促進支援」、「中心市街地再生」という電通が経産省から受託した事業6つの事務局が同居していることがわかっている。経産省と電通は、恒常的な「癒着」関係にあると言えるだろう。

会計の不透明さ

電通と自民党の関係も疑念を抱かせている。電通は自民党の有力政治家に献金もしているし、選挙広告では自民党は顧客関係にあたる。実際、電通は、自民党の選挙広告を引き受けており、さらに安倍晋三首相の政党支部に40万円、二階俊博自民党幹事長に40万円、高村正彦前副総裁、小池百合子都知事らに10万〜40万円の献金を出している。

たしかに、委託関係を繰り返す度に、幾重にもサヤ抜きをしても、形式上は「合法的」である。持続化給付金の委託が問題になるのは、給付金の対象者がコロナ倒産に脅かされている中小企業だということである。表現が悪いが、火事場泥棒みたいだと言われても仕方ないだろう。

いくつもの委託関係を重ねることで会計は不透明になるが、支払われているのは国民の税金である。しかもサービスデザイン推進協議会は2016年の設立以降、法律で定められた決算公告が一度もなされていない。持続化給付金事業の委託を受けた電通は、委託総額の半分超になる相談者会場の内訳（賃料や人件費）などが非公表であることも判明している。これでは、国会もきちんとチェックできないまま、税金の使い放題になっていると言ってよい。

にもかかわらず、10兆円の予備費では、持続化給付金だけ見ても、2兆円も出すように予定されている。自民党、経産省、電通やパソナの「癒着」関係、「再々々委託」に伴う隠蔽と幾重ものピンハネ、会計上の透明性の欠如といった問題が解決されないまま、一部野党も賛成に回って第2次補正予算案は国会で決められた。他の支出も調べれば、問題が出てくるかもしれない。

もし、このまま総選挙を行った場合、この巨額の税金を使った莫大な選挙バラマキ資金を与えているようなものである。森友問題や加計学園問題や桜を見る会で表面化した「国家の私物化」を、全国規模で拡散させることになる。

さらに10兆円予備費のうち、政府は東京オリンピック・パラリンピックの開催強行を進めるために、年明けにも英アストラゼネカとオックスフォード大学が共同開発するワクチン1億2000万本（6000万人分）の購入費のために6700億円の支出を20年9月8日の閣議で決定した。しかし、エボラ出血熱の対策に作られたチンパンジーアデノウイルスを使うDNAワクチンは、実用例がない。にもかかわらず、副反応として出た神経症状の詳細は明らかにされないまま、「バスに乗り遅れまい」と6000万人分の確保を急いだ。副反応が起きた場合、政府が補償することまで決めたが、間もなくワクチンによる副反応が出て治験が中断したのである。製薬・バイオ企業9社が、ワクチンの拙速な承認申請はしない、とする異例の共同声明を発表した。

問題は、命にかかわる重大な問題であるにもかかわらず、国会で全く議論をしないまま、閣議決定で決めてしまった点にある。ファイザーのｍＲＮＡワクチンは比較的副反応が少ないとされているが、安全性を確保しつつ、医療従事者や介護施設から接種するなど、国会で速やかに討議し決定していく必要がある。

麻薬漬けで内臓が壊れる

これだけ公正なルールが壊れた社会では、新しい産業が生まれたり経済が活性化したりすることはない。公文書やデータの改ざんや隠蔽を繰り返しても責任を問われなければ、その場しのぎの逃げやごまかしが横行してしまうからだ。

加えて、次章で述べるように、目標も目的も見失ったまま、日銀の大規模金融緩和やマイナス金利政策が続けられている。アベノミクスで打ち出した2年で2％の物価目標は7年半以上たっても達成できず、日銀自身も達成時期を示さなくなっただけでなく、とうとう目標自体も言わなくなった。加えて、日銀を筆頭にＧＰＩＦ（年金積立金管理運用独立行政法人）や共済年金やゆうちょ、かんぽ生命などが株買いで株価を支えてくれる。ストックオプション（自社株をあらかじめ一定価格で取得する権利）を得た経営者たちは、労働分配率を切り下げても、内部留保（法人企業統計の利益剰余金）をため込み、配当を増やし、自社株買いで株価をつり上げることができる。地道な技術開発投資をせず、内部留保でM&A（企業の買収・合併）を行えば、また企業の資産が膨らんでいく。結果として、日銀は出口のないねずみ講のような状態に陥っていき、もはや国債市場も株式市場も麻痺してしまうのである。

さらに、2016年1月29日にマイナス金利政策を決めた結果、地銀・信金に経営困難をもたらすようになった。しかし、金利負担がなく、場合によっては日銀が社債やCP（コマーシャルペーパー）を買ってくれるので、経営に失敗した企業経営者は責任を免れていく。さらに新型コロナウイルスの流行とともに、日銀は銀行や地銀に向けて、使途不明の貸付金を膨張させている。2020年2月末時点では約48兆7600億円だったが、12月20日時点では約111兆4000億円まで急増している。銀行に貸し出しを増やすために日銀が巨額の金利ゼロの資金を供給するという名目で、銀行に不良債権企業に追貸しさせながら、膨大な流動性を供給することで、地銀が潰れないようにしたのである。同時に、銀行・地銀は余剰資金を当座預金に預け、その一部は地銀合併促進のために0・1％の付利という補助金を与えたのである。

日銀はねずみ講のように、金融緩和で永遠に売れない国債と株を買い続けざるをえなくなっている。さらに、マイナス金利をとることで、どんなゾンビ企業でも経営責任を問われずに生き残ることができる。超低金利政策のために、銀行・地銀が潰れそうになっても、日銀貸付金を湯水のように出し続ける。そして日本経済はもはや麻薬患者同然になっている。これでは決して新しい産業は生まれないだろう。実際、安倍政権の下で、産業の競争力低下が起きていった。クラウド・コンピューティング、5G（第5世代移動通信システム）、半導体、ディスプレイ（有機ELや液晶）、デジタル情報通信機器、再生可能エネルギー、重電機、バイオ医薬など、かつて世界有数のシェアを誇っていた日本製品は自動車を除けば、急速にシェアを低下させているのである。そして、その自動車でさえ、電気自動車と自動運転では遅れをとり始めている。

戦後を一からやり直す

公文書やデータの改ざん・隠蔽を繰り返しても責任を問われなければ、権力者が関わる不正や腐敗、その場しのぎで行われる政策のゴマカシが横行してしまう。国家を私物化し、権力に近い人間だけが甘い汁を吸い、公正なルールをぶち壊す社会では企業も産業も腐っていき、ゾンビ企業がずるずると生き残る。このように公正な規律やルールが壊れた社会では、新しい産業が生まれたり経済が活性化したりすることはありえない。

加えて、目標も目的も見失ったまま、日銀の大規模金融緩和やマイナス金利政策が続けられている。ただでさえ日本経済は市場規律を喪失したり弛緩したりするが、公正な規律やルールの喪失は不正腐敗をも横行させていくのである。何より贈収賄や利益誘導や衰退産業支援が公然と横行するのである。

第1章で述べたように、2020年における新型コロナウイルスの大流行への対応のまずさは、最悪のリスクから防いでいくという危機管理の基本が壊れ、失敗の責任をとれず、失敗の上塗りを続けていくことにある。1997年の金融危機でも、2011年の福島第一原発事故でも、2020年の新型コロナウイルスの大流行でも、第2次世界大戦以来繰り返されてきた「失敗の本質」が露わになったのである。いまも、経済活動を自粛すると感染が減り、経済活動を再開すると、また感染が拡大するという悪循環が繰り返されている。

戦争責任を曖昧にしてきた日本社会に深く根付いた無責任体質が問われている。森友・加計・桜を見る会など疑惑の追及を曖昧にしてはいけない。公文書改ざんなど明らかな法律違反は、国政調査権を使ってきちんと白黒をつけることである。公務員を免責して証拠を提出させ、権力者を裁く以外にない。刑事責任を問えない場合は、少なくとも民事の責任を問うことが必要だ。それがすべての出発点になる。それは戦後をもう一度やり直し、自らの手で無責任体質を裁くことである。それをやり切る腹と力量をきちんと持った野党でないと今の日本社会を覚醒することはできないだろう。

第3章 新型コロナ大不況がもたらしたもの

──破綻するアベノミクス

1. 世界経済の歴史的不況

リーマンショック以上

新型コロナウイルスの世界的流行を背景にした株価の大暴落が起きた。２０２０年3月9日にダウ平均株価が２０１３ドルも下落し、日経平均株価も１０５０円下落で2万円割れとなった。つぎに、3月11日にＷＨＯ（世界保健機関）がパンデミック宣言を出し、ダウ平均株価は２３５２ドル下落した。さらに、3月15日、ＦＲＢ（米連邦準備制度理事会）が一気に約1％の利下げを行い、4年3カ月ぶりに再びゼロ金利を採用したにもかかわらず、翌日は1日で３０００ドル近い（２９９７ドル）株価下落が起きた。3月18日には一時2万ドルを割り込み、3月23日には1万８５９１ドルまで落ち込んだ。1カ月前の2月12日にダウ平均株価は2万９５５１ドルで史上最高値（当時）をつけたので1万ドル以上の下落が起きたことになる。歴史的暴落と言えるだろう。

その後、ＦＲＢはゼロ金利に戻り、再び国債の買い増しに転じ、さらに新たに中小企業の発行する社債やＣＰ（コマーシャルペーパー）を買い入れるなどして、リーマンショック後の大幅な金融緩和政策に戻った。あふれる流動性は株式や債券に流れ、株価はかなり戻した。ショックが起きる度に、金融緩和で株価を戻すという同じパターンを繰り返している。しかし同時に、コロナ禍が実体経済をますます弱らせていきながら、次第に株価のボラティリティ（不安定な浮動性）と不透明さを増していく。金融資本主義はコロナ禍のバブルという特異な現象に行き着いたのである。

繰り返すバブル循環

金融緩和を軸とする経済政策は、巨大なバブル崩壊であるリーマンショックの時も、FRBがゼロ金利と国債の買い入れによる量的金融緩和で金融機関に流動性を大量に供給することで、金融機関の破綻を防ぎながら、住宅ローン担保証券を大量に購入して中央銀行が住宅バブルを直接救済する道をたどった。より一層大きなバブルを作り出すことで経済回復を図ってきた結果、結局、リーマンショックを上回るバブルが生み出されていく危険性を高めてきた。

国際決済銀行（BIS）によれば、リーマンショック前の2007年から10年たった2018年時点で、すでに世界全体の金融機関を除く事業会社や家計、政府部門の債務残高が約180兆ドル（約1京9000兆円）になり、およそ1・6倍に膨らんでいたのである。

たしかにリーマンショック後、オバマ金融規制改革いわゆる「ボルカー・ルール」によって、銀行やヘッジファンドに一定の規制がかかった。しかし他方で、SEC（米国証券取引委員会）とCFTC（米国商品先物取引委員会）の統合提案が見送られた。規制の抜け穴を見つけては、莫大な儲けを見いだしていくのがアメリカ金融資本主義の特質である。そこから、新たにCFTCの「規制」下におかれるCTA（商品投資顧問業者）が台頭してきた。

CTAはコンピュータのプログラムによる高頻度取引（High-Frequency Trading）を駆使し、トレンディー戦略と分散投資に基づいて儲けるように動く。それは、株式先物を含むあらゆる領域の先物取引に関して、瞬時に動向（トレンド）をとらえて儲ける。極端に言えば、経済指標をも無視して、コンピュータの自動プログラムによる大量の高速取引を用いて、あらゆる領域の先物取引についてわずかの時間差でも儲けることができるのである。それが、今回のバブル崩壊に伴って1000～2000ドルもの大幅なボラティリティが生じている背景なのである。

世界の分断が加速する

新型コロナウイルスの世界的流行は、エネルギー、情報通信、バイオ医薬といった産業技術の大転換期と重なっている。逆に言えば、激しい米中対立の最中に、その裂け目を襲ってきたのが新型コロナウイルスとそれに伴う大きな不況である。

情報技術産業の台頭と世界一速いエネルギー転換によって急速に台頭してきた中国経済に対して、アメリカのトランプ政権は「アメリカ第一」を掲げて「貿易戦争」を仕掛けていった。トランプ政権は、シェールオイルが出たためにパリ協定と再生可能エネルギーへの転換に背を向ける一方で、関税戦争を仕掛けて自国産業を保護しながら、とりわけ中国の情報通信産業を排除してきた。そのため、情報技術と基本ＯＳ（オペレーティングシステム）において、世界は分裂を起こそうとしている。バイデン氏が大統領になれば、パリ協定に復帰し、アメリカもエネルギー転換を進めるように変わるが、情報通信産業を含めた米中貿易戦争は簡単には収束しないだろう。さらに、アメリカが情報技術に基づく金融資本主義で世界の富を独占しようとする流れも簡単には変わらないだろう。

それが世界中の富の集中を一層推し進め、格差を拡大させてきた。そこで、トランプ氏は移民排外主義やナショナリズムを煽るポピュリスト政治で「国民統合」を図ろうとし、それゆえ世界中で国境の分断を強めてきた。ブレグジットを推し進めてきたイギリスのボリス・ジョンソン首相も同じである。皮肉にも、新型コロナウイルスはその分断を一層加速させた。気がついてみれば、トランプ氏やジョンソン氏が目指す世界を一気に見せてくれたのである。アメリカ大統領選におけるトランプ敗北が示すように、もはや彼らの政策から新しい世界は創造されない。

他方、中国は、情報通信技術の発達によって、新型コロナウイルスを封じ込めることにどうやら成功しつつあるようだ。オンラインとオフラインの融合（Online Merges with Offline）を通じて、スマートフォンが感染症や災害を防止するシステムを構築しつつある。それは半面で24時間、個人を徹底的に監視するディストピアを生み出す危険性をはらんでいる。それは香港の民主化運動の抑圧となって現れている。匿名化技術や生体認証、個人情報へのアクセス者を知る権利の保障、スマートフォン自体が持つ情報保護機能など、プライバシー保護の新しい課題を生んでいる。また、中国は、米中貿易戦争に伴うブロック化の下で「一帯一路」を推し進めてきたが、その先にあるイランやイタリアにコロナウイルスが深刻な被害をもたらすなど、その構想がすんなり進むとは思えない。

これまで日本経済は、石油ショック以降、大きな不況に陥る度に、円安誘導と賃金引き下げに基づく輸出主導で景気回復を図ってきた。だが、これまで見てきたように、今回はそうはいかないだろう。新型コロナウイルスの収束が見通せないこともあるが、今のところ米中貿易戦争に見られるように、世界経済のブロック化傾向が逆転する見通しもないからだ。だとすれば、世界史的に起きている産業技術転換に正面から向き合って、産業革新に努めながら、対外ショックに強い内需の厚い地域分散ネットワーク型の経済に転換していくことが必要になっている。しかし、そのためには、まず何よりアベノミクスがもたらす桎梏《しっこく》から解き放たれなければならないが、状況はますます引き返せなくなっている。

2. アベノミクスがもたらしたもの

バブルしか作らなかった

アベノミクスは、デフレ脱却を政策目標として失敗してきた。その裏で、ひたすらバブルを支える役割を果たしてきた。実際、アベノミクスは当初「2年で2%」の物価目標を掲げたが、物価目標を達成できないまま7年以上も「大規模金融緩和」を続けてきた。野党にも、後述するように、れいわ新選組のようにMMT（現代貨幣理論）を悪用して財政赤字と日銀の国債購入による貨幣供給を増加させて、さらに「反緊縮」の名でこうしたバブル政策を継続させようとする動きもある。だが、なぜデフレ脱却の目標を達成できなかったか、その原因を消費税増税に求めるという二重の過ちを犯してきた。

次章で詳しく見るように、アベノミクスはひたすら財政赤字と金融緩和で「需要」をもたせるだけで、むしろ産業の衰退を加速させてきた。それは継続的な賃金低下をもたらしてきた。20年間以上にわたって実質賃金が低下してきた国は、先進諸国の中では珍しい。日銀の超低金利政策は東京電力や東芝などゾンビ企業を生き残らせる一方で、金融緩和政策によって円安をもたらしてきた。日本企業の国際競争力が低下する中、円安と賃下げによる輸出主導でかろうじて経済成長をプラスに保ってきたのである。

その間、日本企業の経営は、自社の株価最大化が目標になってきた。自社の株価をあげるには、内部留保をため込む、（賃金ではなく）配当を増やす、自社株を買うといった経営をすることである。その過程で、日本企業は技術開発投資をおろそかにし、国内外でM&A（企業の買収・合併）を促すことで、じわじわと産業衰退を加速させ、貿易を赤字化させてきた。M&Aは買収企業という企業資産を膨らませることで、自社株をつり上げるこ

図 3-1 日経平均株価の推移

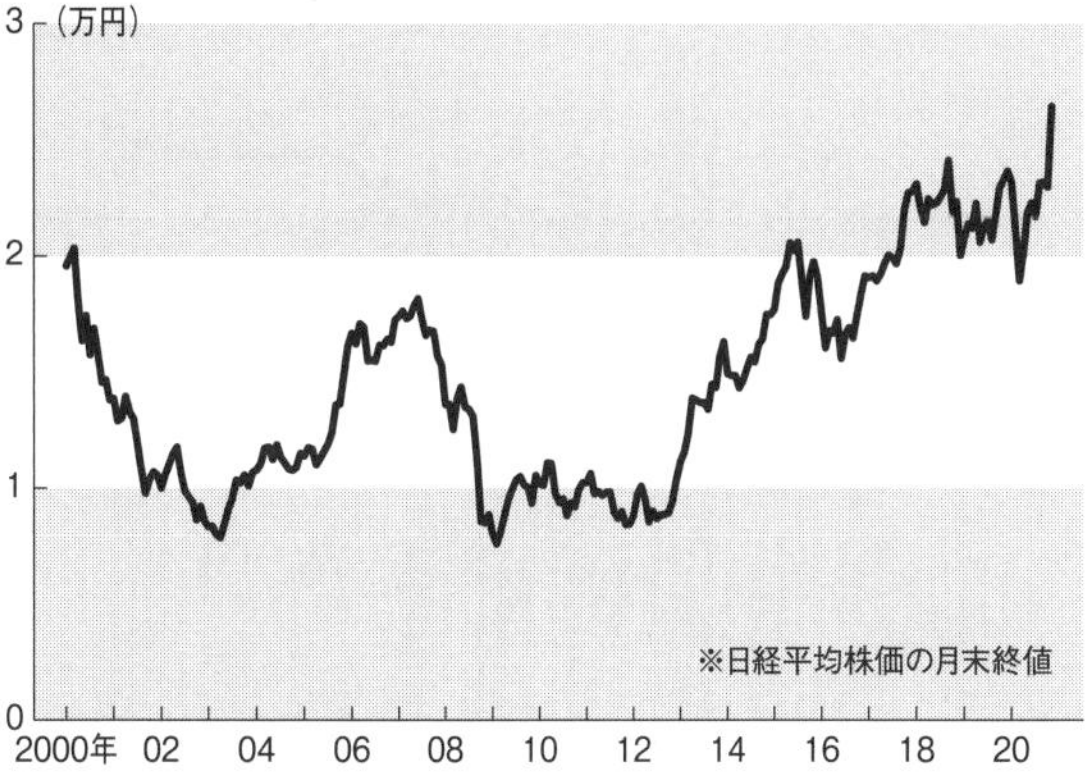

出所：「日経平均プロフィル」から作成

とができる。逆に言えば、自社が買収されないためには自社の株価を上げる必要がある。

株価をつり上げるために、日銀は単に国債購入で過剰な流動性を供給するだけでなく、ETF（指数連動型上場株式投信）を大量に買うようになっている。さらに、後述するように日銀貸付金が急増している。図3-1は日経平均株価の動きを示している。ちなみに、日銀はJ-REIT（不動産投資信託）も購入しており、株価や不動産価格とりわけ大都市圏のマンション価格の上昇をもたらした。図3-2は首都圏のマンション価格を示しているが、価格がジワジワ上昇しながら販売数は減ってきたのであ

図 3-2 首都圏マンション価格と売買戸数

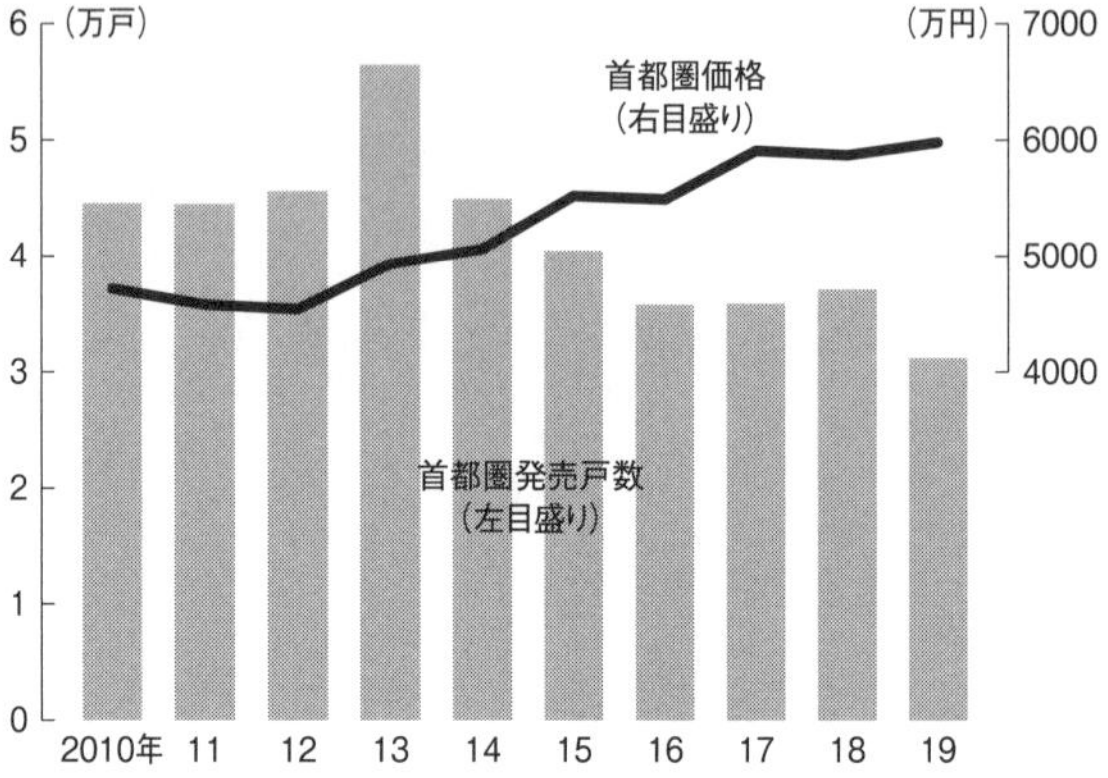

出所：不動産研究所

る。

産業衰退で不動産以外の国内投資先が先細りになり、マイナス金利で追い込まれた金融機関は海外に資金を流さざるをえなくなっていった。EUも日本も中央銀行はマイナス金利政策をとって、プラスの金利があったアメリカに資金を流し、先に見たようにアメリカのバブルをひたすら支えてきたのである。そこで日本は経常収支の黒字を稼ぐことで、何とか財政赤字分の国債を国内で買い支えることができてきた。しかし、この世界的なバブル循環の構造が壊れると、経常収支が赤字になってしまう。そうなると、国内で国債を消化できなくなってしまう。極めて脆いISバランス（財政赤字＝民間貯蓄＋経常黒字）の上に置かれていることが露呈しつつある。

伸びきったゴム

この間、日本の株価も世界的なコロナ危機に連動して大きく暴落した。２０２０年3月15日のＦＲＢの利下げと同時に、日銀は16日にＥＴＦ買いを6兆円から12兆円に倍増させると決定したにもかかわらず、日経平均株価も４２９円下落して１万７０００２円まで下がり、19日に1万６５５２円まで落ち込んだ。

3月10日の参院財政金融委員会において、黒田東彦日銀総裁は、日銀が保有するＥＴＦの時価が簿価を下回る損益分岐点について、現時点では1万９５００円程度になると述べた。そして18日の参院財政金融委員会では、現時点（株価1万７０００円前後）だと、含み損が2兆〜3兆円だと答弁した。さらに株価が下落するならば、当然、日銀は、日銀信用を保つには引当金を積まなければならない。ＧＰＩＦ（年金積立金管理運用独立行政法人）や共済年金なども株式運用を強めており、年金基金の財務状況の悪化も懸念されていた。

日銀は7年半も国債とＥＴＦを買い続けてきたので、売るに売れない国債とＥＴＦを買い続けなければならなくなっており、いまや〝出口のないねずみ講〟のようになっている。

実際、日銀が保有する国債残高は47・7％（2020年6月末）を占めている。ETFも買い続け、すでにコロナ禍が表面化する直前の3月10日段階で29兆970億円も買っており、日本の株価総額の5％弱を占めていたが、3月16日に日銀はETF年間購入額を倍増させる決定をした。

その結果、12月7日付ブルームバーグ（電子版）「日銀ETF：含み益10兆に拡大、保有総額GPIF抜く――遠のく出口」によれば、日銀が保有するETFの時価（11月末時点）は45兆603億円（含み益は9兆8567億円）で、GPIFの保有額44兆8055億円を抜いた。日銀の東証1部の保有比率は7％弱となり、日本株の最大の保有機関となった。

日銀はますます出口を失いつつある。同時に、株による企業ガバナンスはさらに機能不全に陥っている。それだけではない。この日銀の株買いは読みやすいので、外国人投資家の餌食になっている。まずシカゴの日経平均先物価格が翌日の日経平均株価に大きく影響を与え、また日経平均株価が落ちても、必ず日銀が買ってくれるからである。20年3月第2週で見ると、外国人投資家は東京証券取引所の74％（委託売買分）を占めており、3月12日の株価下落局面で見ると、空売り比率は51・7％を占めていた。10月第1～2週段階でも、外国人投資家の取引は約7割、空売り割合は3分の1を占めている。日本の株式市場は、外国人投資家が主役で、日銀や年金基金、そして大企業が自社株買いで買い支える官製市場と化してしまったのである。

コロナ禍によるバブル

アメリカが20年4月に計2兆9000億ドルの経済対策とともに、先述したように、再びゼロ金利と量的金融緩和に逆戻りしたのに呼応して、日本政府も第1次と第2次の補正予算を組んで、財政を膨張させた。と同時に、それに応じて日銀の金融緩和政策もさらに「異常」な次元になった。2020年度の予算規模は約102・6兆円だったが、第1次補正予算が約25・6兆円、第2次補正予算が約31・9兆円加わり、2020年度の歳出合計は約160兆円にまで膨らんだ。税収が不足している状況の下で、急激な歳出膨張が生じたために、つなぎに短期国債が約212兆円も発行される自転車操業状態に陥った。

ところが、さらに21年1月には第3次補正予算を提出した。国費30兆6000億円、財政投融資を含むと40兆円、事業規模では73兆6000億円である。その結果、2020年度の歳出は175兆6878億円に膨らみ、前年度の歳出の約1・7倍に膨張し、国債の新規発行額は初めて100兆円を超えて112兆5539億円に達した。

菅義偉政権は、感染防止と経済活動の両立を図るとしたが、感染対策の予算ではなく、未来を創る予算でもなかった。この新型コロナウイルスは無症状者も周りを感染させるがゆえに、無症状者を検査し、隔離、追跡、治療しないかぎり、封じ込められない。ところが、今回も検査体制の大幅拡充予算が組み込まれていなかった。成長戦略としては「グリーン分野の研究開発を支援する」2兆円の基金の創設、「ポスト5G」などの開発を強化するとともに10兆円規模の大学ファンド設置が打ち出されたが、前章で見たように、官民ファンドは失敗続きで、その反省なしには決してうまくいかないだろう。さらに、国土強靱化の「5か年加速化対策」で15兆円、21年度は5・9兆円を出すが、明らかに1年を切った総選挙対策のバラマキでしかない。

問題は、日銀がこの膨大な財政支出をファイナンスすることに無理はないか、という点にある。日銀が国債を買って財政赤字を賄う方式も限界に達しているため、日銀は21年1月10日段階でゼロ金利の貸付金を111兆6649億円もたれ流している。この過剰流動性供給を背景に、コロナ禍でバブルが起きるという異常事態が生じているからである。

実際、日銀も新型コロナ対策を名目にして、さらなる金融緩和政策に踏み込んだ。表3－1で示すように、第1次補正予算および第2次補正予算では、企業金融支援のさまざま

表3-1 2020年度補正予算（経産省 企業金融支援）

	事業名	事業規模	財務省負担	財政投融資
第1次補正予算	日本政策投資銀行等による資金繰り支援	1兆442億円	5421億円	
	小規模事業者経営改善資金の拡充	29億円	29億円	
	民間金融機関による資金繰り支援	2兆7014億円	1兆2062億円	
第2次補正予算	日本政策投資銀行等による資金繰り支援	32兆6000億円	2兆7000億円	27兆6000億円
	民間金融機関による資金繰り支援	28兆2000億円	1兆4000億円	
	日本貿易保険による海外日系子会社運転資金支援	1兆5000億円		
	危機対応業務による中堅・大企業向け資金繰り支援	10兆円	1兆2000億円	10兆円
	小企業向け資本性資金供給・資本増強支援事業	1兆4000億円	1000億円	4000億円

出所：経産省「令和2年度補正予算の事業概要」「令和2年度補正予算における金融支援策」

な事業を展開しており、それを膨大な日銀信用によって賄う仕組みとなっている。

それまでの日銀の金融緩和政策は、日銀が銀行から国債を購入して、資金を流すものであった。さらに、3月16日には、銀行に対して民間企業債務を担保にした新たな企業金融支援として、8兆円ほどの規模で、最長1年間ゼロ金利の貸付金制度を設けた。ETFの年間買い入れ枠は12兆円まで引き上げられた。そして社債等の買い入れ額を3・2兆円から4・2兆円へ、CP等の買い入れ額を2・2兆円から3・2兆円に増やした。

さらに、4月27日に、従来年間80兆円であった国債買入枠を無制限とした。同時に、企業金融支援の名目としたゼロ金利の貸付金を23兆円に増額した。対象担保範囲の家計債務を含めた民間債務全般へ拡大し、対象金融機関に銀行や信金以外に、信金中央金庫、全国信用協同組合連合会、労働金庫連合会および農林中央金庫などの系統中央機関が加えられた。社債やＣＰの買い入れ額を年間１兆円から７・５兆円に引き上げ、買い入れ額上限を計20兆円に増やした。２０２０年10月には、日銀はＣＰの約19％、社債の７％を保有するようになってきた。こうしたリスク管理を無視した日銀の金融緩和拡大をバックに、11月には日経平均株価が２万６０００円台に上昇し、12月末には約30年ぶりに２万７０００円台になった。さらに7月段階でマンション販売も前年水準に戻り、さらに9月以降は上回るようになっている。

3. 経済危機の波及経路は？

実体経済からの逆襲

このコロナ禍に伴う大不況はどのような特徴をもっているのだろうか。あるいは、これまでのバブル崩壊とはどのような違いがあるのだろうか。

通常のバブル循環は次のパターンをたどることが多かった。まず、バブルが昂進すると、民間債務が増加し、金利が上昇したり、不動産価格が上昇したりして、不良債権が静かに累積してくる。やがて金利の上昇など何かをきっかけにバブルが崩壊を始める。そうなると、銀行や企業の財務が悪化し、最後に雇用が減少して消費も落ち込んでいく。

ところが、いまや欧米日の中央銀行は巨額の金融緩和を実施しているがゆえに、銀行は過剰な流動性を抱えており、伝統的な預金取り付けやコール市場（銀行間の資金融通市場）での資金調達の困難という事態に陥りにくくなっている。コロナ禍では、逆に遅行指標である雇用や企業収益の悪化から始まって、金融機関が経営危機になる危険性が生じる。実体経済から金融資本主義への逆襲が起きているのである。

日本では2020年の4―6月期の実質GDP成長率は年率換算でマイナス28・1％、戦後最悪を記録した。同時期において、アメリカはマイナス32・9％で、統計開始の1947年以来最大の落ち込みであった。ユーロ圏はマイナス40・3％で統計開始の1995年以来最悪の下落を記録した。新型コロナウイルスの影響がどのように日本経済に波及して、やがてバブル崩壊の危険性が生じていくのだろうか。いくつかの経路が考えられる。

第1は、最も直接的な経路で、約5兆円と言われるインバウンドの消費消失である。百貨店、観光地の宿泊業や飲食業は深刻である。消費税増税もあって2019年10〜12月の実質GDPの落ち込みが7・1％になった。他にも、検査制限の下で、互いが疑心暗鬼になっていくので、交通、観光、衣料アパレル、建設業、製造業の一部なども、コロナ禍による経済活動の自粛の悪影響を受けていくだろう。

アメリカでも景気の遅行指標の雇用から、いきなり悪化した。国の非常事態宣言が出された20年3月中旬以降の10週間で失業保険申請数が4000万件を超えた。アメリカの4月の失業率は14・7％に達し、1930年代の大恐慌以来の最悪の水準に達した。コロナの感染者は黒人・ヒスパニックが多く、失業もこうした層から起きている。そして、2020年5月25日にミネアポリスにおいて、白人警官がジョージ・フロイドさんの頸部を圧迫して殺害した。それをきっかけに全米各都市で激しい抗議運動が発生する事態に陥った。

第2は、新型コロナウイルスの影響によるサプライチェーンの途絶と貿易の縮小である。貿易相手国としては中国、アメリカ、韓国の順に大きいが、いずれも米中貿易摩擦や安倍政権が仕掛けた日韓貿易戦争ですでに打撃を受けている。

第3に、世界的な実体経済の悪化がもたらす金融商品の値崩れの危険性である。コロナ禍によって、当初、原油が1バレル＝20ドル台に落ち込んだために、アメリカのシェールオイル企業の経営を悪化させた。それは、ハイリスクハイリターンのシェールオイルの企業債が組み込まれたＣＬＯ（ローン担保証券）の破綻を招く危険性をもたらした。日本の金融機関がＣＬＯに多額の投資をしており、もし値崩れを起こすと、その経営は打撃を受ける。

20年6月に入ってＷＴＩの原油先物価格は40ドル台に回復したが、依然低水準にとどまっている。シェールオイルの新規油田開発コストは１バレル＝50～60ドルであり、多くの油井が止まった。さらにコロナ禍の影響が広く及んで中小企業に悪影響を与え、社債やＣＰの価格が大幅に下落すれば、リーマンショックと同じように、ＣＬＯ市場は大幅な損失を発生させる。

ＣＬＯは82兆円規模になると言われているが、シェールオイル企業の社債やＣＰの破綻をもたらし、それに基づいてＣＬＯが金融市場の破綻要因になりかねない。そこに大量に投資している日本の金融機関も危うくなっている。農林中金、三菱ＵＦＪ、ゆうちょ、三井住友、みずほといった主要5行が保有するＣＬＯの総額は20年3月31日時点で約13兆6０００億円である。保有額が最大の農林中央金庫の１―3月のＣＬＯの評価損は４０００億円超に上った。ゆうちょ銀行は約１２１９億円の含み損を計上した。アメリカの中小企業が経営破綻していけば、玉突き状に日本の金融機関も大幅な損失を被り、やがて大きな経常赤字が発生することになるのである。

さらにアメリカでは、4月の新規住宅着工件数が30・2％と大幅に減少し、やがて住宅バブルが崩れかねない状況に追い込まれた。日本と同様、FRBは猛烈な金融緩和政策をとって、ワクチンバブルをもたらし、早期に住宅着工件数と住宅価格を回復させたのである。ともあれ今回は、実体経済の悪化がやがて金融危機をもたらすという通常とは逆の展開になっているのである。

中央銀行が中小の銀行と企業を支援

先に述べたように、中央銀行はあふれるような過剰流動性を供給することで、銀行など金融機関の連鎖的な経営破綻を防ぐことに注力してきた。その結果、世界経済はますますバブル循環から抜け出られなくなってきた。しかし、コロナ禍では、このような政策パターンさえも通用しなくなった。コロナ禍に伴う企業収益の悪化がもたらす実体経済の悪化が金融機関の経営を脅かすような逆転現象が生じたからである。そして実体経済の悪化に伴ってバブルが崩壊すれば、弱小の地方銀行や信用金庫の経営が一層苦しくなっていく。

中小企業の倒産ラッシュが地域金融機関の破綻を招く危険性が生ずるにしたがって、米日の中央銀行はますます「異常」な金融緩和政策をとるようになっている。ＦＲＢも日銀も、実体経済悪化の逆襲からバブル崩壊を防ぐために、なりふり構わない金融緩和の拡大に走り出したのである。

20年5月15日に発表されたアメリカのＦＲＢの金融安定報告書も、家計および企業の財務悪化によって金融セクターは「重大な」脆弱性に直面していると述べていた。また同月26日のＥＣＢ（ヨーロッパ中央銀行）の金融安定報告も、20年のユーロ圏経済が約10％のマイナス成長に陥るとの予想を踏まえ、企業の債務危機が金融セクターの脆弱性をもたらしかねないとしている。

こうした報告に基づいて、ＦＲＢは「セカンダリーマーケット・コーポレートクレジットファシリティー（ＳＭＣＣＦ）」で米社債上場投資信託（ＥＴＦ）の買い入れに続いて、公開市場にアクセスできない中小企業に貸し付ける「メインストリート融資制度（ＭＳＬＰ）」の運用を開始した。これまでバブルが崩壊すると、中央銀行が大規模に金融緩和を行ってジャブジャブと流動性を供給することで、銀行をはじめ金融機関が破綻しないようにしてきた。しかし、いまや銀行や信金による企業金融を支援するために、中央銀行が直接、銀行や信金に貸付金という形の過剰流動性を大量に供給することで潰れないようにしているのである。

事実上の「ヘリコプターマネー」

日銀の買入資産は700兆円を超えて膨れ上がり、名目GDPの約1・37倍に達している。国債も株も社債もCPも金融市場に占める日銀の比重がますます大きくなり、売るに売れない状態に陥っている。いまや日銀は「池の中のクジラ」と揶揄されるようになっており、金融市場は機能停止しているかのようだ。

ただし、デフレ脱却のために日銀が8年近くも続けてきた金融緩和政策は限界に近づきつつあった。実際、年80兆円の国債を買うとしてきたが、日銀が買い増した国債額はどんどん減っていった。実際、日銀の国債積み増し額は、2017年は約30兆円、18年は約29兆円、19年には約14兆円弱まで落ちてきた。20年6月末時点での長期債残高の47・7%を日銀が占める一方、銀行は14・5%、生命保険が21・1%まで落ち込んでいる。つまり、銀行はほぼ売れる国債を売ってしまっていた。

新型コロナウイルスの流行によって、中小零細企業の倒産や休廃業が急激に増加している。これが不良債権化していくと、マイナス金利の下で経営が苦しい第二地銀や信金が一層経営を悪化させる。マイナス金利政策に踏み込んできたために、銀行は減益が続いており、とくに地方銀行の一部は経営困難に陥っていた。

日銀もFRBと同じく、社債やCPの買入枠を1兆円から7・5兆円に拡大させたが、それだけにとどまらなかった。そこで20年4月27日と6月12日に、先述したように、2次にわたる補正予算の際に、政府は銀行や信用金庫に実質無利子・無担保の貸付をさせる企業金融支援を決めた。

日銀は、それを支えるために、民間企業債務や住宅ローンなどの家計債務を担保にして、都市銀行、地方銀行、信用金庫そして系統中央機関にゼロ金利の貸出金を増加させた。21年1月10日段階で、約111兆6649億円の貸付残高に上る。

日銀は、形を変えた「ヘリコプターマネー」を大規模に供給し始めている。「ヘリコプターマネー」とは、たとえば政府が無利子永久債を発行し、返済する必要のないお金をばらまく政策を指す。日銀の貸付金は、民間の借金を自らに付け替えているもののリスク管理が不十分な形で、返済を期待せずにお金をすりまくる、形を変えた実質的な「ヘリコプターマネー」とも考えられる。

図3-3 日銀貸付金の増加

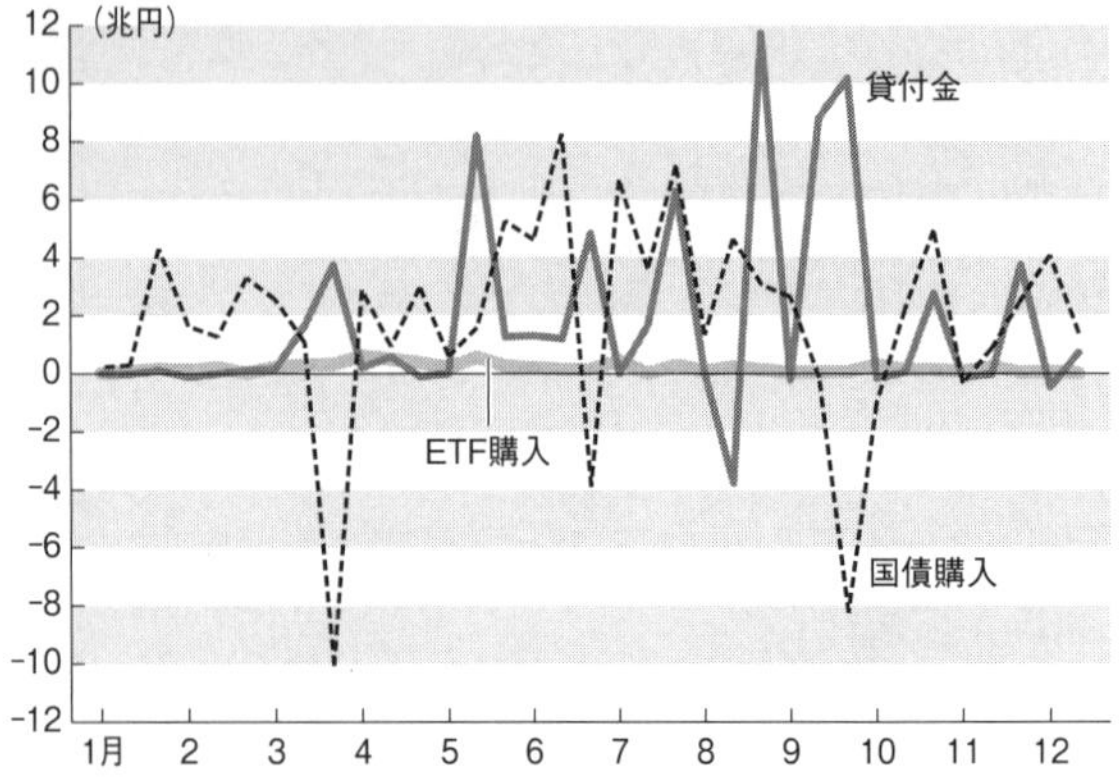

出所：日本銀行「営業毎旬報告」から作成

図3－3を見てみよう。20年3月10日から12月20日までを比べると、従来の国債購入による金融緩和政策は、残高ベースで494兆9109億円から544兆6478億円へと、49兆7369億円増加している。これに対して同期間に日銀貸付金は、48兆9342億円から111兆4165億円へと62兆4823億円増え、国債購入より約12兆7000億円以上も多い。

20年9月16日段階で日銀が公表した9月実施分までを見ると、大手5行に対する日銀貸付金の残高は30兆8278億円、地域金融機関などに対する日銀貸付金の残高は22兆1899億円、合計約53兆円になる。

図 3-4 金融機関の貸出増加率

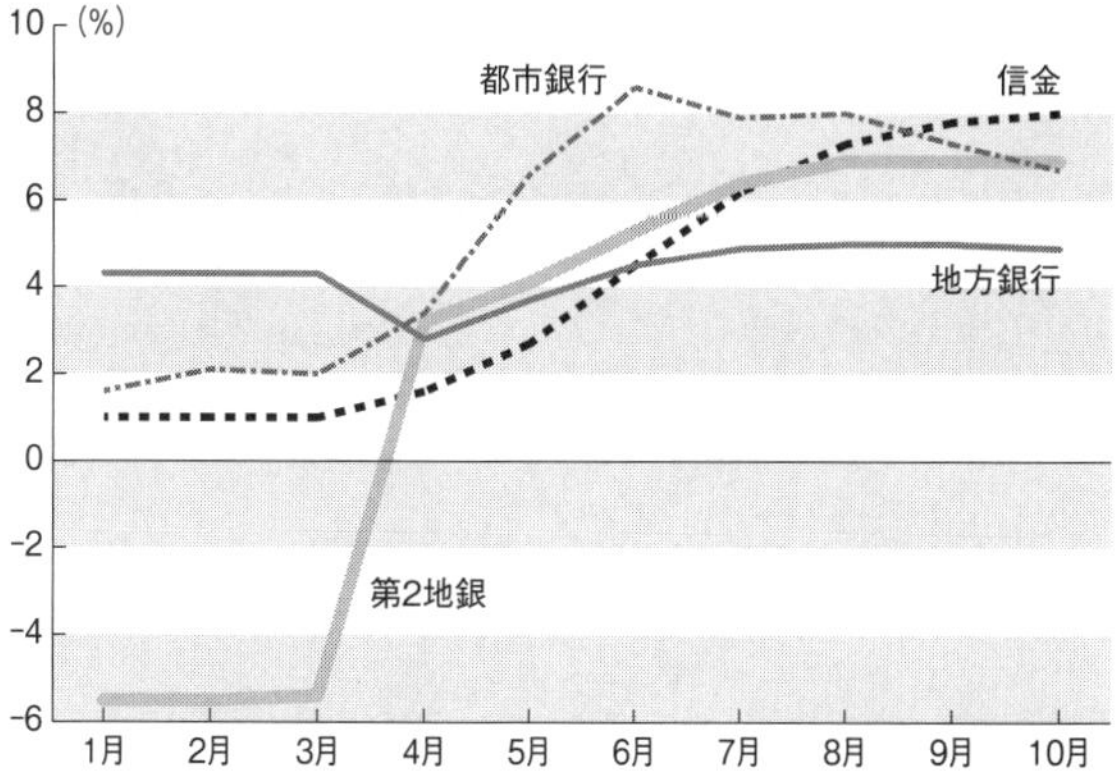

出所：日本銀行「貸出・預金動向」から作成

それでは大手銀行、地方銀行、信金からの貸出は増えたのだろうか。図3－4を見ればわかるように、全ての金融機関の貸出が増加傾向にあるが、6月以降、大手行や第1地銀は貸し出しの伸びが停滞している。それに対して、とくに経営的に苦しい第2地銀は3月には貸出が5%以上も減っていたが、4月以降には貸出が増加し続け、10月には6・9%も伸びている。同じように、3月前までに貸出の伸び率が1%と低迷していた信金も、4月以降貸出が伸びて10月には8%になっている。明らかに、銀行や信金には民間債務の肩代わりをしてもらうので、日銀は潰れそうなリスクを抱える地銀・信金の直接救済を行っているのである。

図 3-5 首都圏マンションの価格と販売数

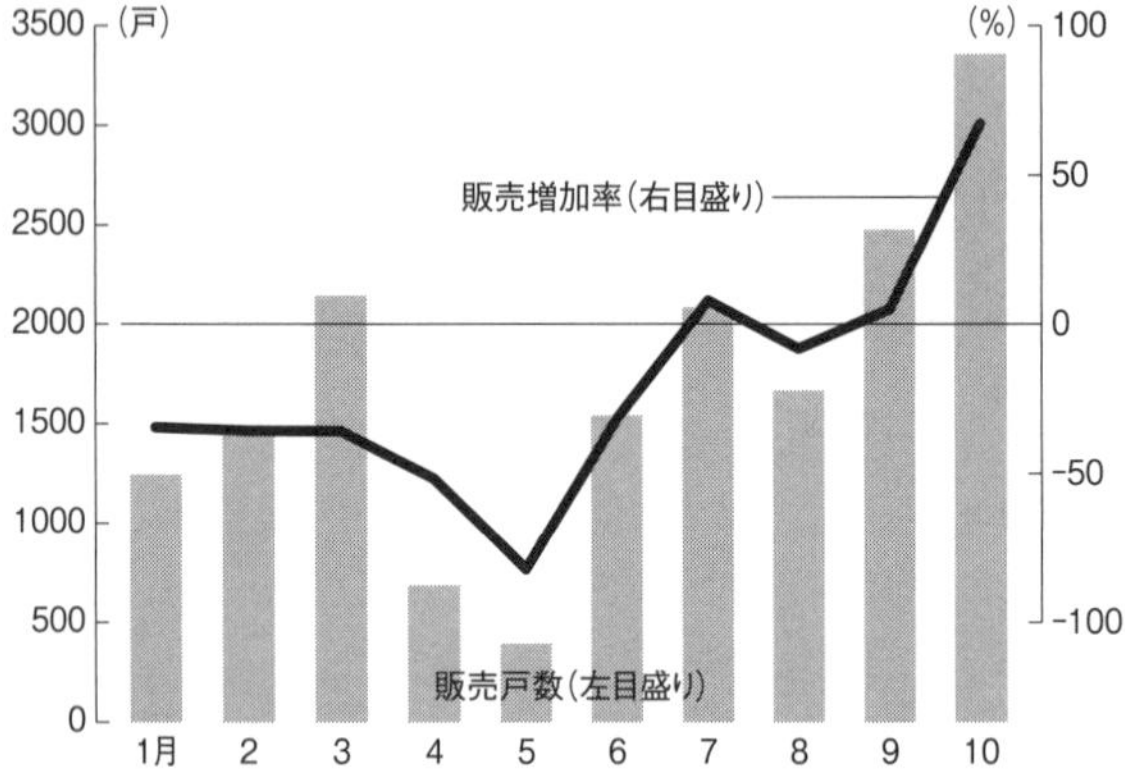

出所：不動産研究所「首都圏マンション市場動向」

もちろん、日銀の貸付金の増加分55兆円がすべて貸し出されたわけではなく、3月から9月まで当座預金残高は35兆円も積み上がっている。さらに、図3－5を見ればわかるように、4月、5月まで企業への貸付が増える一方、5月には首都圏マンションの販売が8割以上も落ち込んだ。それが6月以降、急速に首都圏マンションの販売が回復し、9月には前年水準を上回り、10月には1・67倍に伸びている。政府・日銀は、先に見た株価の回復とともに、バブル路線に突っ走り始めたのである。

やがてバブルが崩壊した時に、弱小の地域金融機関が破綻する危険性が高まる。2020年9月の中間決算でも地銀102行中の60行の決算が赤字か減益を記録した。102行の純利益の合計は前年同期比11・4%減の3993億円になった。同時に、民間債務担保を日銀に付け替えているので、企業や地域金融機関の破綻が生じた場合には、日銀の信用を大きく傷つけていくだろう。

マッチポンプの地銀「救済」策

こうして見ると、菅政権の経済政策の本質が見えてくる。菅政権は当面、1年以内に行われる総選挙を意識して、日銀ファイナンスを悪用して、何とかバブルをもたせることに腐心している。菅政権はGo ToトラベルやGo Toイートなど経済活動再開を優先し、東京オリンピック・パラリンピックの開催を強行する。アメリカのテレビ局が支払う放映権料を得るために、IOCも東京オリンピックの開催を強行する。だが、東京オリンピックがかえって感染拡大をもたらしたのでは、スポーツの祭典としては意味がなくなる。結局、オリンピックが中止になれば、五輪利権が損なわれ、感染拡大の被害が明確化することになり、それがバブル崩壊をもたらす契機となることを避けたいのだろう。

無症状者への徹底検査を怠って、「ウィズコロナ」や「新しい生活様式」といった政策をとるかぎり、企業収益の悪化と倒産・休廃業は止まらず、雇用削減も続く危険性が高い。

つまり、菅政権が「異常」な金融緩和でバブル経済を持たせようとしても、コロナ禍が続くかぎり、やがて企業収益と雇用という実体経済の悪化が続かざるをえない。

もし企業や個人への融資の焦げ付きが生じれば、日銀信用まで著しく傷つけてしまう。こうした事態を何とか避けようと、菅政権は地方銀行や中小企業の再編統合を進める方針を打ち出している。合併する地銀には、その当座預金に0・1％の付利を与える「補助」を出すとしている。地銀を「救済」するという名の下でバブル志向の異常な金融緩和が地銀をさらに破綻のリスクに追い込んでいき、そのリスクを「回避」するために、さらに日銀から隠れた補助金を支給する。

ところが、当座預金に付利0・1％をつけていくと、日銀が金利を誘導するイールドカーブを上昇させてしまう。そこで大量のゼロ金利の日銀貸付金を大量に供給して引下げにかかる。ところが、それはコロナ禍のバブルという異常事態を加速させ、地域経済の衰退を一層進めてしまう。ジレンマだらけである。

こうして見ると、菅政権の地銀や中小企業の統合再編という政策方針が何か新しい産業革新をもたらすとは考えにくい。

格差社会からの逆襲

中央銀行による株価や大都市圏マンションの価格を維持するバブル政策は一見すると、経済をもたせる効果を持つ。しかし、無症状者の徹底検査をせずに経済活動の再開をひたすら追求すれば、企業収益や雇用を減少させ、実体経済を悪化させる。そして、このコロナ禍の下におけるバブル維持政策の矛盾は、極限まで格差を拡大させていく点にある。日本は新卒一括採用が一般的なので、若い世代ではコロナ氷河期を生み落とす。コロナ禍のバブルは他方で、着実に新たなロスト・ジェネレーションを発生させているのである。

これはアメリカのＦＲＢの金融緩和政策も同様の現象を生んでいる。アメリカでは、新型コロナの流行に伴う雇用喪失が低賃金のサービスセクターに集中し、エッセンシャルワーカーである有色人種の罹患率と死亡率も高い。その一方で、株価が上昇し、耐えがたいほどの不平等を生んでいく。富裕層は働かなくても資産が増えていく一方、コロナ禍が深刻化すればするほど、働いてきた中小企業は経営困難に陥り、貧困層は感染とともに職と賃金を失っていくからである。

アメリカでも極限のようなバブル格差が生まれている。２０２０年10月9日付ブルームバーグ（電子版）によれば、アメリカの金持ち上位50人の合計資産は今年初めと比べて3390億ドル増え、約2兆ドルに達した。下位半分（1億6500万人分）に属する米国民の富の合計とほぼ同じである。FRBがまとめた2020年上期末までのデータでも、人種、年齢、社会的階層による著しい資産格差が浮き彫りになった。上位1％の富裕層の合計純資産額34兆2000億ドル（約3620兆円）に対し、下位50％の資産額は合計2兆800億ドル（約220兆円）にとどまり、全米の家計資産の1・9％にすぎない。米国民の上位1％が株式の50％強、上位10％が88％強の株式を持っているのである。

こうした資産格差の拡大は、しだいに耐えがたいレベルに達しつつある。それが表出されたのが、白人警官の黒人に対する暴力に示された黒人差別問題である。さらに、それが限界点に達してきた時は、バブルを崩壊させていく。そして、新しい産業と雇用が作り出せないかぎり、行き着くところまで行くことになるだろう。

4. 財政はすでに破綻寸前

出口を失った「ねずみ講」

日銀は出口を失った「ねずみ講」になっている。実際、国債も株も社債もCPも大量に買い、ゼロ金利の貸付金も膨張していき、金融市場に占める日銀の比重が大きくなりすぎて、引き返せなくなっている。日銀資産はアメリカFRBに迫るが、アメリカの経済規模は日本の約4倍である。日銀は「池の中のクジラ」にたとえられ、これらの債券は売るに売れない状態に陥っているのである。

財政ももはや引き返すことができない。2020年10月14日に公表したIMF(国際通貨基金)の「世界の財政報告書」によれば、20年の世界全体の政府債務がGDP=国内総生産の合計に対して、過去最悪の水準の98・7%まで膨らむ見通しである。中でも日本は266%で、アメリカの131%、ユーロ圏の101%、中国の61%と比べてみても、圧倒的に高くなっている。

日本政府の中長期の経済財政見通しをみても、財政再建はほぼ絶望的な状態に陥っていることがわかる。21年1月21日に公表された内閣府の「中長期の経済財政に関する試算」を見てみよう。図3-6で示される「成長が実現したケース」で見ると、20年度の名目GDP成長率がマイナス4・2%しか落ち込まないまま、21年度には4・4%、22年度には4・2%に急上昇し、V字回復をとげる想定になっている。20年度の経済成長率の落ち込

図 3-6　政府の経済財政見通し

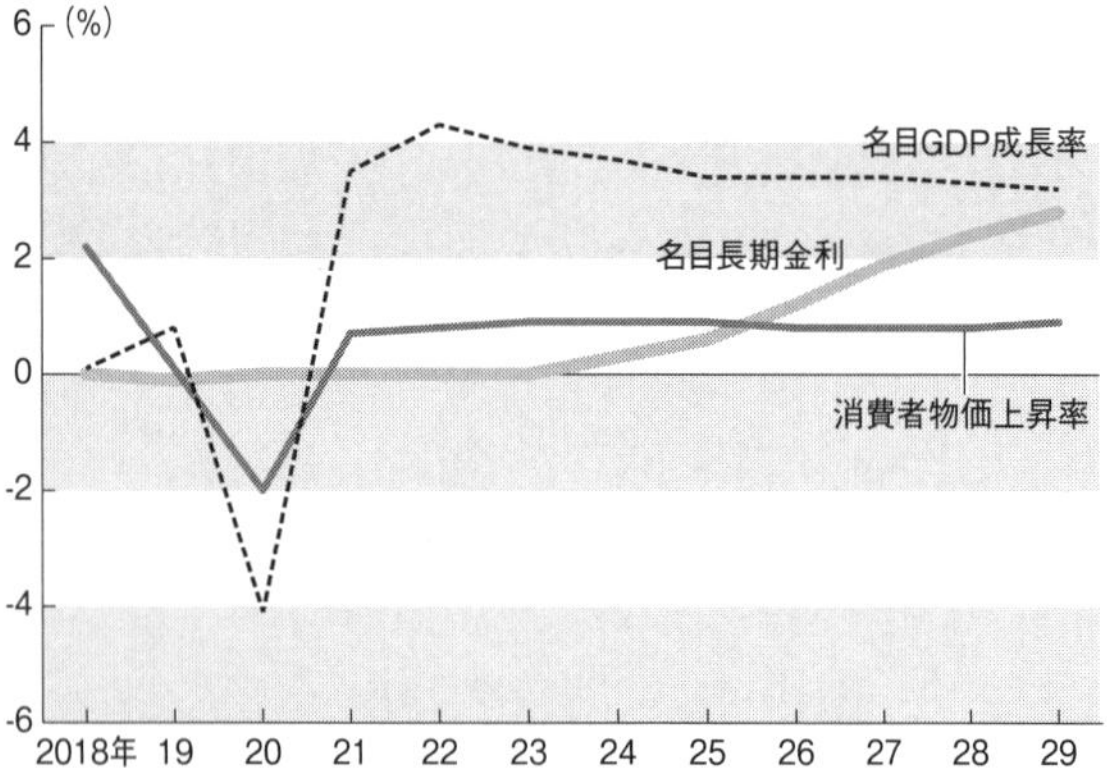

出所：内閣府「中長期の経済財政に関する試算」2020年7月31日

みが甘いうえに、日本経済の急速なV字回復のシナリオはもっと甘い。

にもかかわらず、名目長期金利が23年度までゼロ金利のままとどまる。大きなバブルでも実現しないかぎり、これほどの経済成長をしてゼロ金利が4年間も続くだろうか。これでは銀行の経営がもたない。かなり非現実的な想定である。問題は、それでも、基礎的財政収支（プライマリーバランス）の均衡は、当初の25年度から27年度に遅れ、さらに半年前に2年遅れの29年度になり、今回は30年度になって、ようやく達成する点にある（図3－7）。しかも、30年度において国の基礎的財政収支はなおも8兆円の赤字のままで、地方財政が9・9兆

図 3-7 基礎的財政収支の見通し

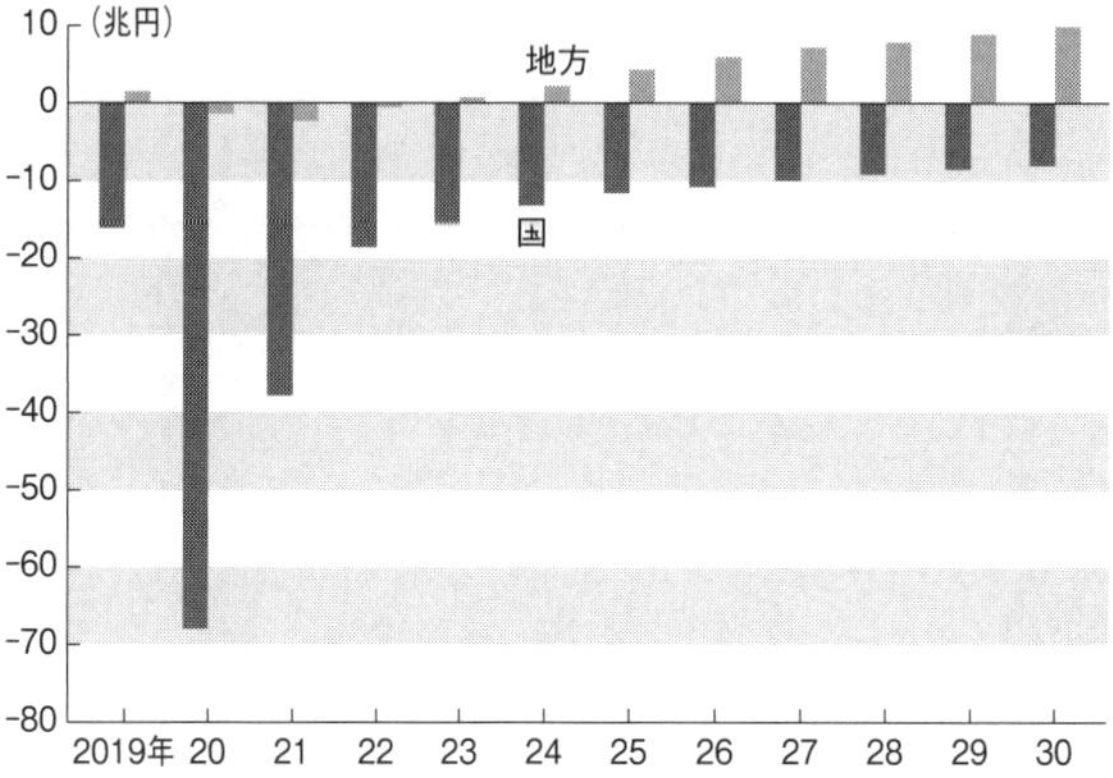

出所：内閣府「中長期の経済財政に関する試算」2021年1月21日

円もの黒字を出して、ようやく均衡に達するという想定だ。この「つじつま合わせ」は、よく考えれば、地方自治体にひどい緊縮財政を強い、地域経済をひどい不況に陥れる。さらに言えば、このまま経済成長が下方屈折していった場合、あるいは逆に金利が大きく上昇していった場合、財政再建は完全に絶望的になることがわかる。もはやシミュレーション自体が破綻しているのである。

見え隠れする破綻リスク

では、経済財政破綻はどうしたケースで起こりうるのだろうか。先に見たように、日銀の貸付金膨張に見られるようなリスク管理なき過剰流動性がバブルを作り出すが、新型コロナウイルスに対する抜本的対策がないために、実体経済の悪化が止まらずに、バブルが崩壊してしまうケースである。それは日銀信用を根本的に動揺させる。

原発再稼働を含めて、次々と産業衰退が進み、経済成長率の低下が続いていくと、財政赤字はさらに拡大していく。

急激な成長や金利の上昇がなければ、財政の破綻はすぐには生じない。しかし、永遠に不況でないかぎり、日銀による赤字財政ファイナンスはもたない関係になっている。

とはいえ、新型コロナウイルスの感染に怯えて経済活動ができない状況が繰り返されているかぎり、感染防止のための自粛を余儀なくされて経済活動は著しく困難に陥る。しかも、検査をせずに自粛だけしていても、表面上感染者数が減っても、隠れ感染と家庭内感染がもぐってしまう。そして経済活動を再開すれば、やがてウイルスの変異とともに、再び感染が拡大する。こうしたジレンマの間で揺れていくかぎり、やがて日本経済は落ち込んでいくしかない。

こうして、この間進んできた産業衰退は止まらなくなっていく。それは貿易赤字を定着させていく。さらにコロナ禍が長引いて世界的な株高が破裂すれば、金融機関の海外投資が損失を被り、経常収支が赤字化する可能性が出てくる。そうなれば、ＩＳバランスが崩れて、国債を国内で消化できなくなり、財政崩壊が現実化する危険性が生ずる。かつては、そうした可能性は現実化しにくかったが、いまや近未来に起きうるシナリオになってきたのである。リスクを軽視してはならない。

まるで戦時中のようだ

世界的に見て突出した財政赤字も、もはや回復できる水準ではない。さらに、それを支えてきた日銀の金融緩和もしだいに出口を失い、バブルで脆弱な地域金融機関を当面もたせるだけで精一杯になっている。「国威発揚」の東京オリンピック・パラリンピック開催で、それをごまかせるだろうか。さらに、コロナ禍のバブルが終われば、一層の産業衰退が進んでいくことが露呈するだけだ。こうした経済の破綻的な状況が進行する過程を見ると、今の政治も次第に太平洋戦争の敗戦と同じ方向に向かっているかのような感覚に襲われていくだろう。

安倍政権の森友・加計・桜を見る会を典型に、政治家の腐敗はあふれ、公文書も統計も改ざんが当たり前になっている。さらに、経済的な行き詰まりがひどくなればなるほど、自公政権は批判を封じようとする。それは言論の自由の抑圧に典型的に現れている。

2014年7月3日放送のNHKクローズアップ現代「集団的自衛権　菅官房長官に問う」でキャスターの国谷裕子さんの厳しい追及を契機に、キャスターを降板させ番組が改編された。それ以降、各局の報道番組のキャスターの降板が起き、政権を批判する論者が消えていった。

さらに、公安警察官僚出身の杉田和博官房副長官が官邸を支配し、14年5月30日に設立された内閣人事局を通じて官僚人事を決めて忖度官僚を作り出し、17年8月には杉田氏自らが局長に収まり、今度は日本学術会議会員候補の推薦名簿のうち6名を任命拒否して排除していった。政策的失敗が重なれば、批判を極力抑え込む仕組みを作るのに躍起になり、特高警察がメディアに圧力を加える戦時中そっくりである。もはや日本の政治と経済は末期症状に陥っている。

第4章
アベノミクスを総括する
——日本経済の体質を問い直す

1. アベノミクスと消費税増税問題

政策の失敗を問われていない

人は忘れっぽいので、思い出してみよう。アベノミクスは2年で2%という物価目標を掲げたが、ついに「デフレ脱却」という目標を達成できないまま終わった。8年近く金融緩和を続けた結果、先述した「池の中のクジラ」と揶揄されるように、日銀は国債、ETF（株価指数連動型上場投信）、社債、CP（コマーシャルペーパー）を大量に買い込み、売るに売れず、ひたすら買い続けざるをえない状況に追い込まれている。2020年10月段階で、日銀の資産は名目GDPの約1・37倍近くになる。金利が上昇すれば、日銀が保有する国債の価値が大きく毀損し、政策金利誘導の目安としての当座預金の付利も上げざるをえなくなれば、直接、債務超過の要因となる。世界的にバブルが崩壊して株価が急落すれば、同じように債務超過の恐れがある。いまや破綻する経路が見え隠れする状況になってきた。

アベノミクスは政策的には完全に失敗だったにもかかわらず、責任を問うメディアはほとんどない。そして将来、出口があるのか、それを問う声さえメディアの中にほとんど見当たらない。まるで敗戦が必至なのに、誰も真実を口にするのさえはばかるような先の大戦中と同じ状況に追い込まれているのである。

忖度するメディア状況の中で、アベノミクスとは何だったのか、改めて問うことの意味は重い。なぜ日本経済は間違ってきたのか、間違いの最中に指摘し、批判の声をあげないといけないからだ。アベノミクスの成長戦略とは、「3本の矢」に始まり、「女性活躍」「一億総活躍」「新3本の矢」「働き方改革」「人生100年時代」「人づくり革命」と矢継ぎ早にスローガンを出すだけで、何一つ検証しないまま、「やっている感」だけを演出した7年半であった。結果は「失われた8年」であった。

ところが、無責任体制が蔓延している中で、アベノミクスを主張してきたインフレターゲット派の論者たちは、アベノミクスの失敗をすべて消費税増税のせいにして、逃げ切ろうとしている。いまではMMT（現代貨幣理論）に衣を替えて、野党の一部も同じように消費税減税を主張するようになっている。

原因と結果のすり替え

問題を振り出しに戻って考えてみよう。まず、消費税増税に際して、なぜ景気弾力条項が付いたのか。大型間接税の増税は、景気がよい時に悪影響は出ないが、景気が悪い場合は、経済に悪影響を与えるからである。実際、２００７年のドイツ、２０１０〜11年のイギリスにおける付加価値税増税は経済を悪化させなかった。他方、ギリシャなどで南欧経済危機が進んだ２０１１年のイタリアにおける付加価値税増税は、経済を悪化させた。日本でも、１９８９年の３％の消費税導入は経済に悪影響を与えなかったが、金融危機と重なった１９９７年の消費税の５％引き上げは、経済を悪化させたのである。階段を上る時に背中を押してもあまり怪我はしないが、階段を降りる時に背中を押せば、大怪我をするのと同じだ。

原因と結果をすり替えてはいけない。消費税を上げたことが、アベノミクスを失敗させたのではなく、アベノミクスが経済政策として失敗しているがゆえに、実態として消費税を上げられなかったのである。とりわけ、企業の内部留保ばかりが積み上がる一方で、実質賃金も家計消費も継続的に下がり続ける下では、そもそも消費税の増税は消費を低下させる危険性が高かった。ちなみに、だからと言って消費税減税が景気をよくするわけではないことについては、改めて第5章で詳しく述べる。

そもそもアベノミクスのインフレターゲット論は、中央銀行が「2年で2％」という物価目標を掲げ、大規模な金融緩和によって大量のマネーを流せば、人々の物価上昇期待がもたらされて消費を増やすという主張である。しかし、仮に多くの人々が物価上昇期待を抱いたとしても、人々の所得が上がらなければ、消費を増やそうにも増やすことはできない。そこで、まず大企業や富裕層がもうかって、その所得がトリクルダウンする（したたり落ちる）のだと説いた。ところが、それも起きなかった。結局、日銀は物価目標を達成できず、達成時期を6度も延期したうえに、ついに達成時期自体を言わなくなってしまったのである。

デフレと消費税増税

図4－1で消費者物価指数の動きを見れば、バブル崩壊以降、全般的にデフレ傾向を強めながら、1997年の金融危機、2008年のリーマンショックを契機に消費者物価上昇率は一層低下していったことがわかる。しかし2014年の消費税増税では、税率引き

図 4-1 消費者物価指数の推移

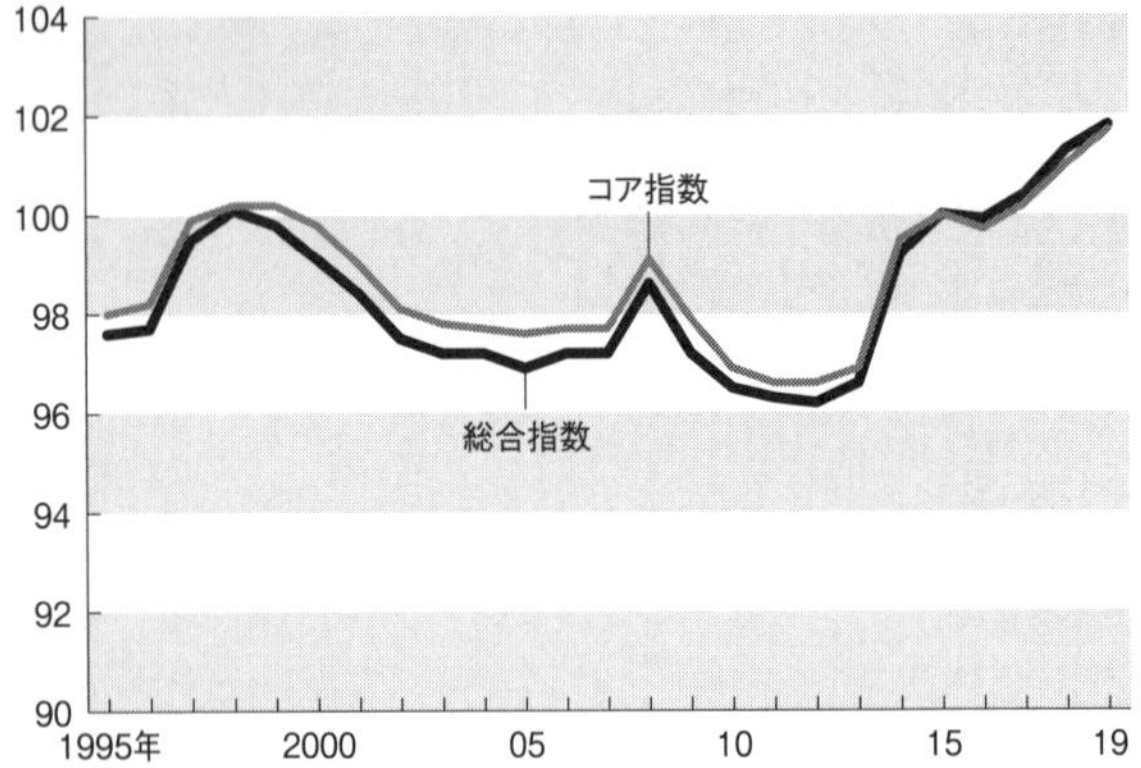

出所：総務省統計局「消費者物価指数」

上げ（5%→8%）に応じて消費者物価は上昇している。また2019年の税率引き上げ（8%→10%）でも同じく消費者物価は上昇している。もちろん図4-2から最近の動向を見れば、新型コロナウイルスの流行の発生とともに、再び消費者物価上昇率はマイナスに転じている。

たしかに消費税増税では物価が上昇しているが、家計消費支出は増えているわけではない。図4-3から年単位で2人以上世帯の家計消費支出を見ると、2014年の消費税増税の直前に駆け込み需要が発生し、その後、消費が落ち込んでいく。2019年10月の消費税増税の時も9月に駆け込み需要が発生し、その後、落ち込んでいく。

図 4-2 最近の消費者物価上昇率の推移

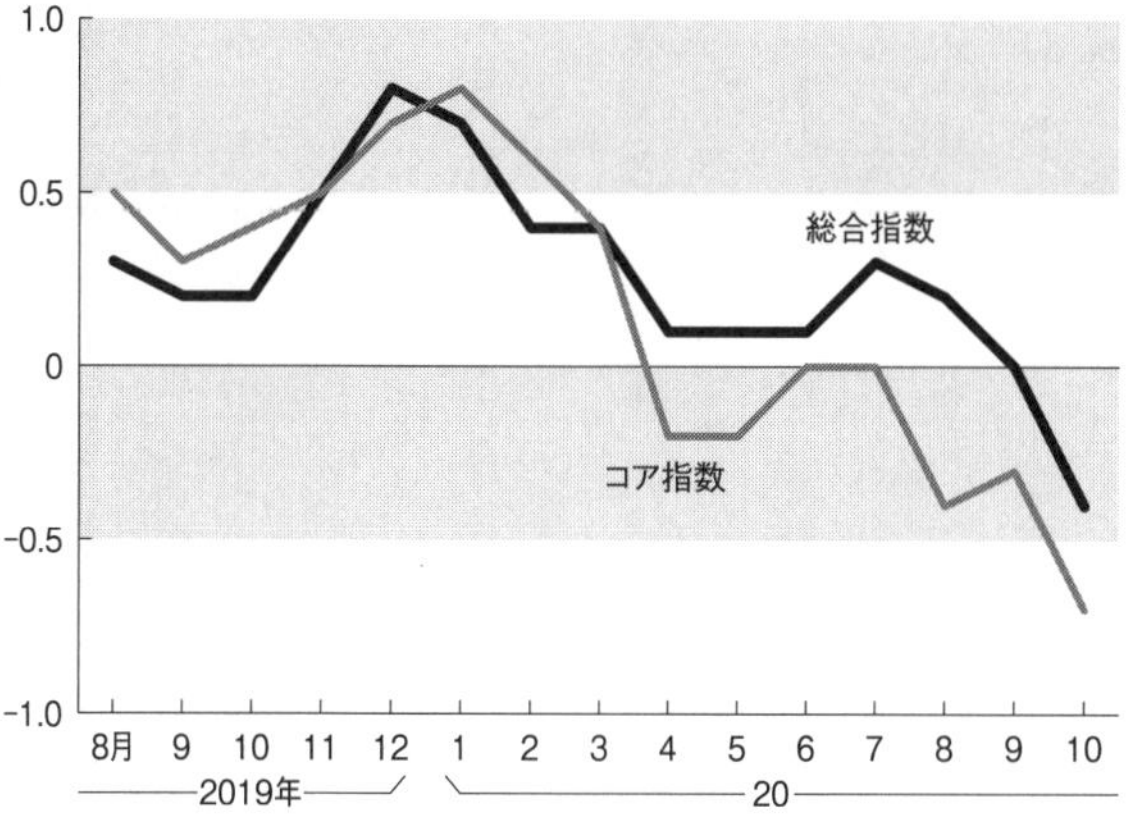

出所：総務省統計局「消費者物価指数」

図 4-3 家計消費支出（二人以上世帯）の推移

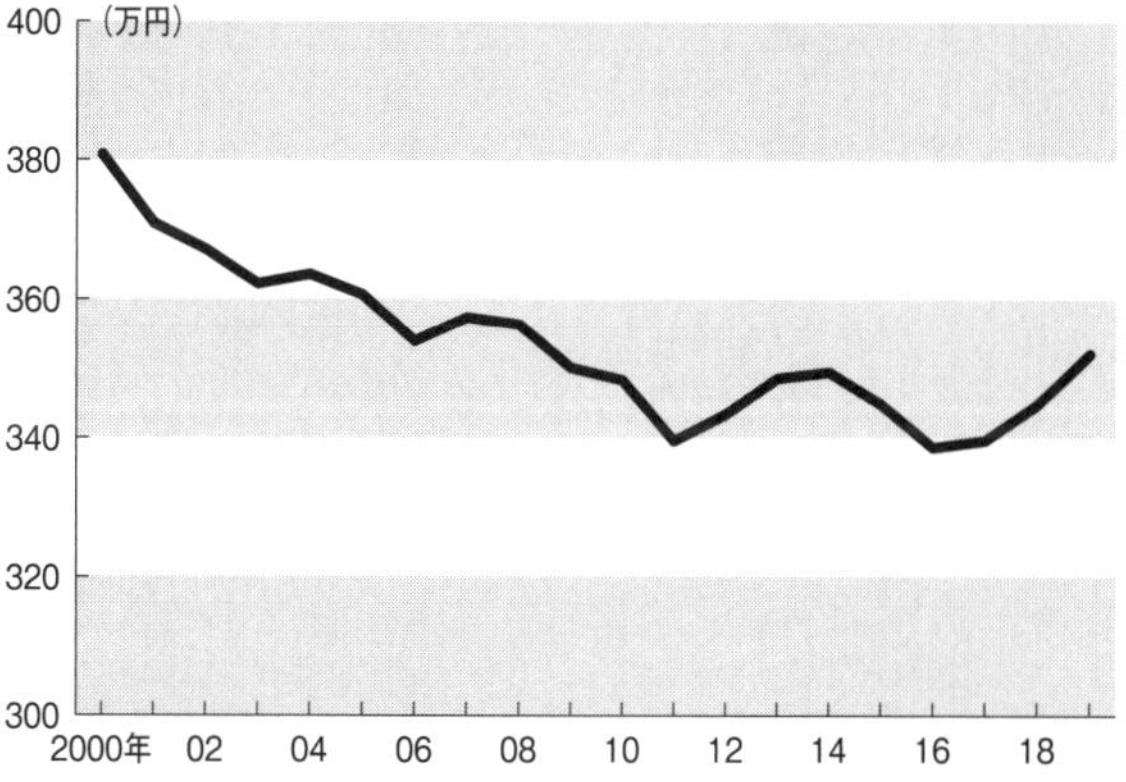

出所：総務省統計局「家計調査」

ただし2014年と違うのは、2020年の3月以降における、新型コロナウイルスに伴う不況の影響である。賃金とともに家計消費支出が一層落ち込んでいるが、政府からの給付金で実収入が増えて消費の落ち込みを若干持ち直させた。つまり、駆け込み需要をならしてみると、消費税増税による家計消費減少は思うほど大きくはない。そういう中で、わずかながらだが、消費税の税率上昇分だけ物価を上昇させたのである。デフレ脱却を目指すアベノミクスを考えると、消費税増税はたしかに消費は増やさなかったが、皮肉にも、税率上昇分だけ物価上昇率を押し上げる効果をもったのである。

賃金低下とデフレ不況

明らかに、アベノミクスは消費税増税の影響でデフレ脱却に失敗したとは言えない。むしろ一貫してこれだけ金融緩和をしても物価の低空飛行を続けていることこそが問題なのである。ではデフレはどのようにして生じたのだろうか。何より日本の賃金低下が国際的に際立っている点が大きい。実際、図4－4が示すように、バブルが崩壊して以降、日本経済は一貫して賃金が下落を続けてきた。そして、新型コロナウイルスが発生して以降、再び急激な賃金下落が起きている。

図 4-4 賃金指数の推移

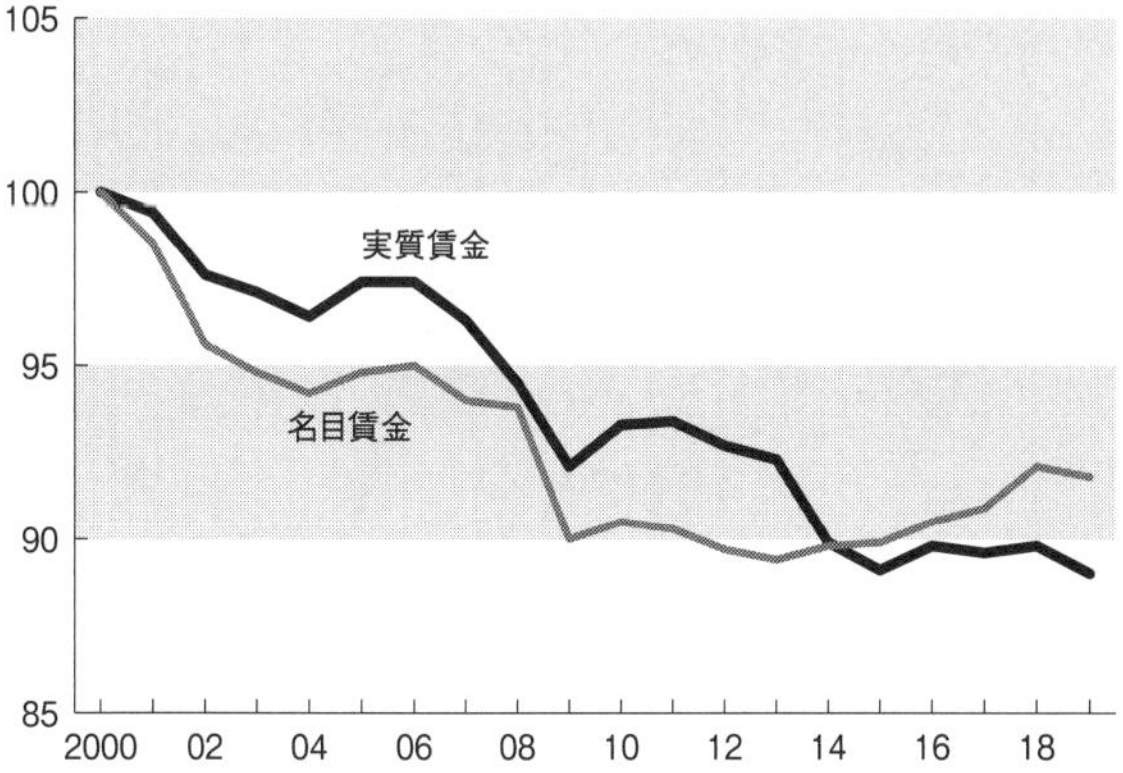

出所：厚生労働省「毎月勤労統計調査」

図４－５は、名目賃金も実質賃金も３～４月の新型コロナ感染拡大に伴う緊急事態宣言によって大きく落ち込んだことを示している。その後はマイナス幅を縮小させており、また図４－６が示すように、ＧｏＴｏキャンペーンや給付金の効果もあって、２人以上の世帯で見た実質消費は10月になって伸びているが、11月以降の感染第３波の悪影響が出てくることが予想される。新型コロナ対策に伴う給付金のバラマキで消費は増加傾向にあったが、無症状者の徹底検査をしていないために、経済活動を再開するとともぐっていた感染が拡大して、再び消費を落ち込ませ、企業の経営悪化を引き起こす。

図 4-5 **最近の賃金指数の推移**

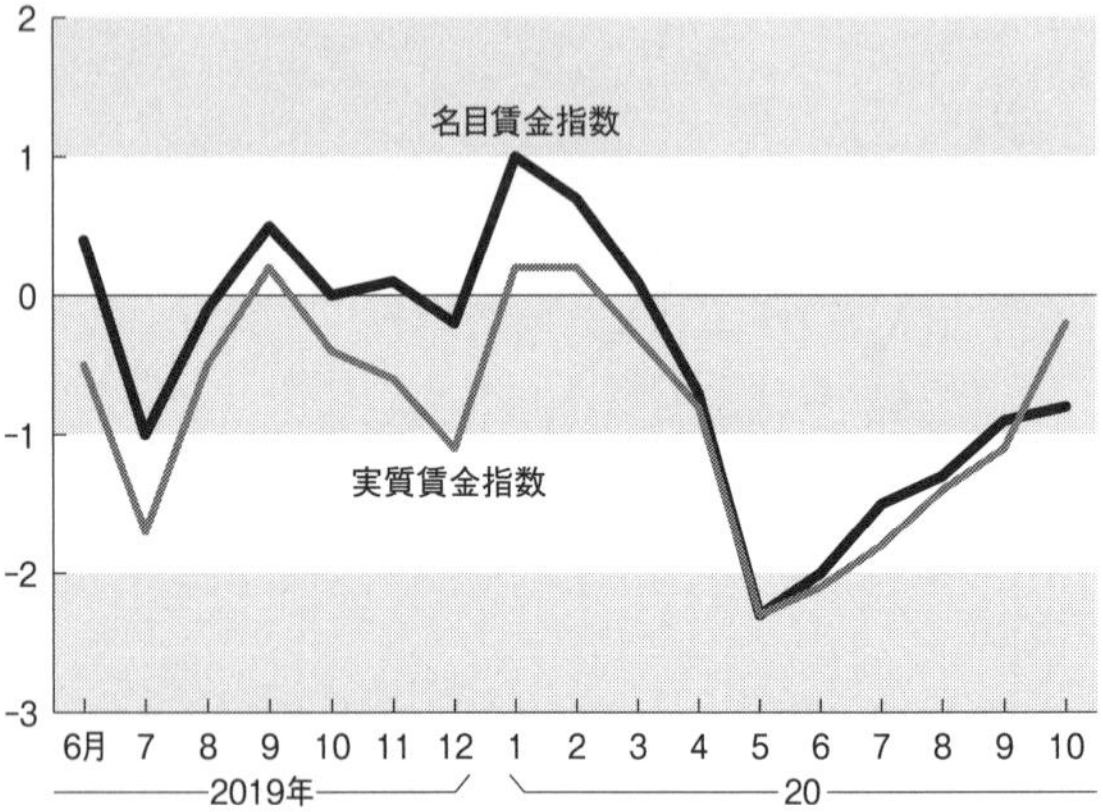

出所：厚生労働省「毎月勤労統計調査」

図 4-6 **二人以上世帯の実収入と家計消費支出**

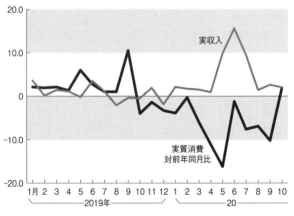

出所：総務省統計局「家計調査」

こうした、ぶれる新型コロナ政策の一時的影響を除くと、中長期的に見て、賃金が下がれば、消費は増えず、物価も上昇しない傾向は一貫している。つまり、より雇用を非正規化させ、賃金を引き下げ続ける。そして、それゆえ消費は伸びず、さらにデフレが続くというデフレの悪循環が起きてきたのである。

それは、高齢化によって生産年齢人口（15歳〜64歳の人口）が減少していることもあるが、世帯所得の中央値は1995年の550万円から2017年の423万円まで落ち込んでいく現象を生んできた。約20年の間に所得の中央値が約130万円も落ちていけば、中間層が解体し、格差と貧困の拡大が止まらなくなるのは当然であった。

2．3つの悪循環

無責任体制と産業衰退

では、先進国のなかで、なぜ日本だけ賃金が上がらなかったのか。その原因は構造的である。次の3つの悪循環が起きているからである。図4－7の概念図で、見てみよう。

第1の悪循環は、無責任体制がもたらす産業衰退である。言い換えるなら、付加価値が

図 4-7 日本経済の3つの悪循環

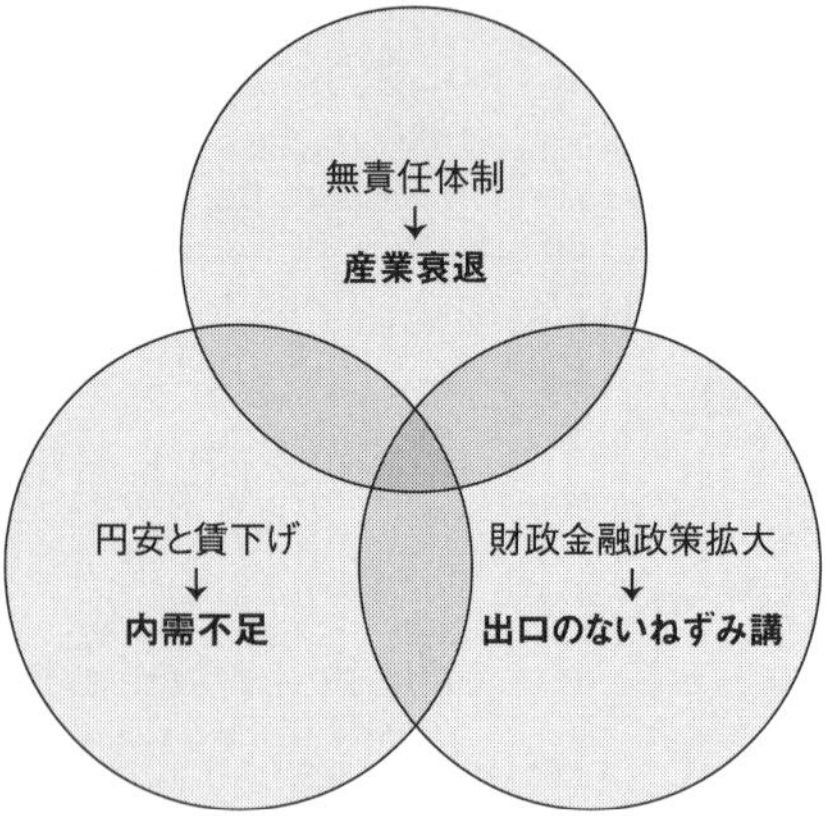

高い新しい製品を創り出せず、日本企業の国際競争力が低下していくサイクルである。

第1章で述べたように、1990年代初めの不良債権問題でも、2011年の福島第一原発事故でも、経営者や監督官庁の刑事責任は追及されていない。1990年代初めにバブルが崩壊して、「失われた10年」となった。1997年11月に山一證券や北海道拓殖銀行が経営破綻する金融危機を招来し、さらに「失われた20年」となった。不正会計が横行し、ずるずると小出しに公的資金が注入され、結局、「大きくて潰せない」銀行合併となった。そして2008年のリーマンショックを経て、2011年の福島第一原発事故でも、東電と国に対して賠償責任を求める判決は出ているものの、東電経営者の刑事責任は回避され続け、経営責任も監督責任も問われず、「失われた30年」となったのである。

その間、不良債権をごまかし続け、産業や技術の転換を果たせなかった。１９８６年の日米半導体協定によって「ダンピング禁止」の名の下で価格低下を抑えられ、91年の日米半導体協定では外国製半導体の２割の輸入割当が行われた。「日の丸半導体」と呼ばれていた日本製半導体のシェアは急速に落ちていった。さらに、90年代後半以降、情報通信業をはじめ先端産業分野は次々と衰退していった。

福島第一原発事故以降に、安倍政権の下で、東芝、三菱重工、日立などが原発輸出で失敗を重ねていった。それを契機にした重電機メーカーの厳しい経営状況だけではない。クラウド・コンピューティング、５Ｇ（第5世代移動通信システム）、半導体、ディスプレイ（有機ＥＬや液晶）、バイオ医薬、太陽光電池、デジタル情報通信機器、リチウムイオン電池など、かつて世界有数のシェアを誇っていた産業は見る影もなく衰退していった。

こうした事態を反映して、日本生産性本部による「労働生産性の国際比較（２０１９年版）」によれば、日本の製造業の労働生産性はＯＥＣＤ加盟31カ国中、２０００年までトップだったが、２００５年に9位、２０１０年に11位、そして２０１５年に16位、２０１

7年には14位まで転落してきたのである。

継続的な賃金低下

こうした産業衰退のサイクルによって、輸出企業は、円安と賃金引き下げで収益を上げようとする第2の悪循環を生み出す。先の図4－4、4－5は、毎月勤労統計調査による賃金指数である。周知のように、この統計はサンプルの選び方が恣意的であり、とくに安倍政権下のデータは信頼性が低い。それでも実質賃金は低下ないし停滞している。こうした賃金指数の低下傾向は、図4－3、4－6が示すように、家計消費支出の低迷をもたらしており、地域経済の衰退と相まって内需の弱さをもたらしている。

しかも表4－1が示すように、先進諸国の中でも、日本の賃金指数は飛び抜けて停滞している。つまり、賃下げと雇用破壊はますます内需を細くし、輸出への依存度を高め、ますます円安と雇用破壊・賃下げが進む悪循環を生んでいる。その結果、2008年9月のリーマンショックに際して、日本の金融機関はサブプライムローン絡みの証券化商品を買っていないにもかかわらず、先進諸国中で日本経済がもっともGDPの落ち込みが激しかった。そこにこそ、デフレの悪循環の深層があるのである。

表 4-1 時間あたり実収賃金指数の比較

	日本	米国	ドイツ	イギリス	フランス	スウェーデン	韓国
2000年	99	77	83	70	75	74	53
2005	103	89	91	85	88	86	81
2010	100	100	100	100	100	100	100
2011	102	102	103	101	102	103	102
2012	101	103	106	103	105	107	108
2013	101	104	108	106	107	109	113
2014	103	105	111	108	109	111	118
2015	103	107	114	109	110	114	122
2016	104	110	116	112	112	116	127

出所：労働政策研究・研修機構「データブック　国際労働比較2018」177頁から作成

それは、財政金融政策による悪循環という第三のサイクルを生じさせる。日本経済が危機に陥るたびに、円安で輸出企業を支えるために金融緩和を行い、同時に不良債権処理をごまかすために財政赤字で需要を喚起せざるをえなくなった。しかし、稼ぐ産業自体が衰退していく状況の下では、現状をもたせるのが精一杯である。実際、金融緩和と財政赤字でもたせる間に、民間企業は債務返済に努める。債務返済が終わったら、次の経営危機に備えてひたすら内部留保をため込む。それゆえ、トリクルダウンは起こらなかった。企業の内部留保は2012年度の304兆円から2019年度の475兆円まで増えていった。その一方

図 4-8 貿易収支と為替レート（対ドルレート）

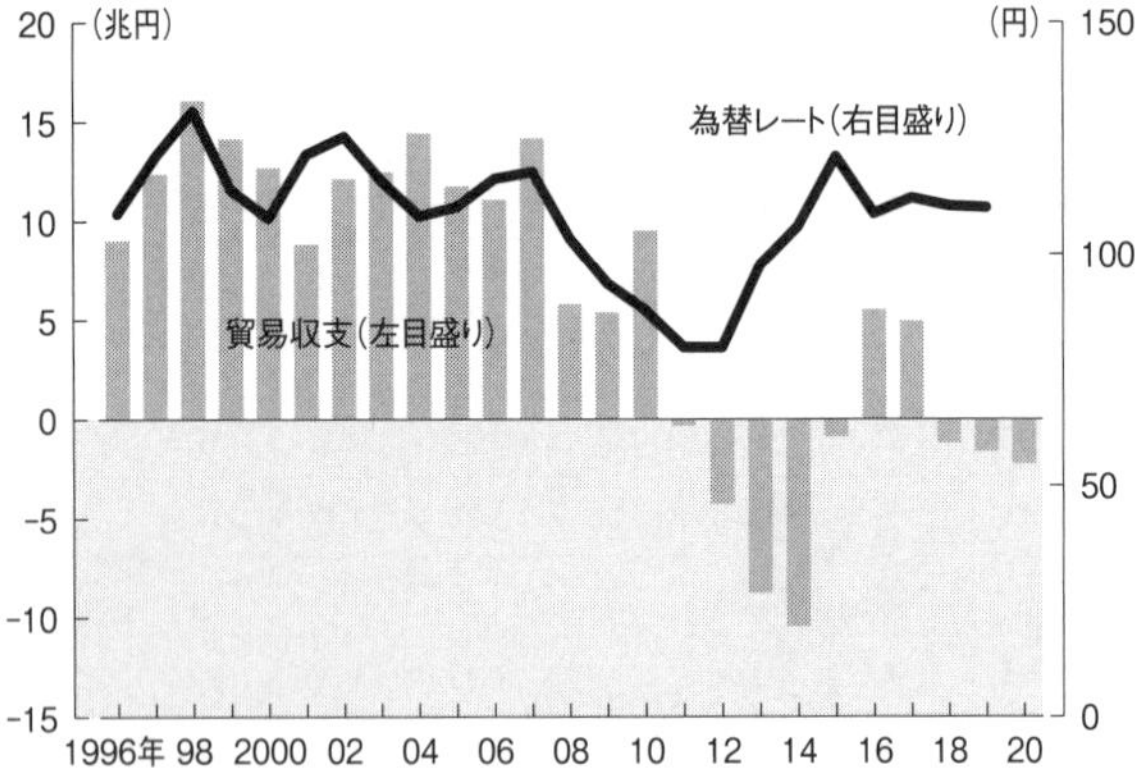

出所：財務省「貿易統計」。ただし2020年は上半期のみ

で、前述したように、実質賃金も実質家計支出も下がり続けている。超低金利政策の下で、東京電力や東芝のようなゾンビ企業が生き残り、産業転換からますます遅れることになっている。

実際、これまでの構造改革特区や国家戦略特区が新しい画期的産業を生まず、規制緩和政策は改革利権を生むだけで新しい産業を生んでこなかった。菅政権はその事実をまったく無視して同じ政策を繰り返すだけなので、失敗は必定である。日本の産業衰退は貿易収支を見ればわかる。図4－8が示すように、リーマンショックの後に、為替レートが円安傾向になったにもかかわらず、貿易赤字が定着してしまった。中国の先端産業化をめざす「中国製造2025」の影響もあって、2016～17年に一時的に貿易黒字が発生したものの、2018年には米中貿易戦争が激しくなり、2020年には新型コロナウイルスの大流行があったために、再び貿易が縮小し貿易赤字になっている。

ともあれ、長期にわたって産業が衰退し、貿易赤字が進むために、さらなる円安と賃下げを支えるために、財政金融政策はますますエスカレートしていかざるをえなくなった。そして、ついに「異次元の金融緩和」といった従来の政策規模を異常なまでに膨らませなければならなかった。結局、8年近くも「異次元の金融緩和」を続けた結果、日銀が国債や株価を買うのを止めれば、たちまち国債価格や株価が落ちてしまい、金利も上昇して、国債費も増加してしまう。かくして〝出口のないねずみ講〟という第3の悪循環に陥ってしまったのである。

異次元の金融緩和は限界に達している

長い間続く「異次元の金融緩和」は金融市場において深刻な歪みを生み出している。第3章で述べたように、もはや年間80兆円の長期国債購入目標額を達成できず、ゼロ金利の貸付金を増加させ、コロナ禍のバブルという異常事態を招いている。

日銀の「異次元の金融緩和」による超低金利政策も、金利切り下げの余地は限られてきた。2016年1月にマイナス金利（額面より高い価格）政策を導入して以降、日銀は10年債の長期債以下の短中期債をマイナス金利で買い取りしてきた。そうなると、日銀は潜在的に満期になる度に損失を抱えることになる。2021年1月10日時点で、日銀の保有する長期債の帳簿価格（実際の買い取り価格）は494兆4474億円なのに対して、1月8日時点の額面価格（満期時の価格）は481兆3657億円である。日銀は保有国債がすべて満期になれば、13兆817億円の損失を被ることになる。

他方で、日銀の損失を少なくしようとすると、イールドカーブが寝てしまう（つまり短期と長期の金利差は狭まる）ために、銀行とりわけ地方銀行・信用金庫の収益を圧迫してしまう。とくに不動産バブルが崩壊した場合、貸し込んでいる地銀・信金の経営は非常に困難に陥ってしまうだろう。

不動産バブルと地域金融機関

2019年4月17日に発表された日銀の「金融システムレポート」は、人口減少と低成長に伴って資金需要の先細りで、約10年後の2028年度には、約6割の銀行が最終赤字になるとの試算を示した。そして、現状の銀行の不動産業向け貸出が1980年代後半のバブル期並みの過熱サインが出てきているとする。しかも、不動産業向け貸出比率が高い金融機関ほど「自己資本比率が低い傾向」がある。不動産の市況が悪化する局面では、これらの金融機関は「貸出よりも大きく価値が毀損し得る」と「金融システムレポート」は警告した。

大手銀行は店舗の整理や人員整理で何とかなる。地銀についても、足利銀行と常陽銀行の経営統合、あるいは横浜銀行と千葉銀行と武蔵野銀行の業務提携など、大きな地銀も何とかなる。政府の未来投資会議は地銀統合の審査基準について独禁法適用の見直しを打ち出し、新潟県の第四銀行と北越銀行の合併、長崎県の親和銀行と十八銀行の同県内での合併が認められるようになっている。

つまり、近い将来、バブルが崩壊して危機に陥る銀行は、リーマンショックのような決済機構の中枢へ金融危機が波及する形ではなく、むしろ中小銀行を淘汰していく戦前型金融恐慌のパターンとなる可能性がある。引き取り手のない破綻する地銀・信金が出てくるリスクもありうる。その場合、日銀は最後の貸し手の機能を十分に果たせず、地域経済の一層の崩壊を促す。

8年近くも異次元金融緩和を続けてきたために、伸びきったゴムひものようで、明らかに異次元の金融緩和は行き詰まっていた。そうでありながら、世界経済が不安定化してきた。2018年頃から、戦前のようにGDP世界1位のアメリカと第2位の中国でブロック経済化の動きを強め、貿易を縮小する懸念が強まっている。2019年6月頃には、欧米の中央銀行が金融引き締めから金融緩和政策に転じ始めた。そこに、新型コロナウイルスの大流行に伴って、戦後最大の大不況が始まったのである。

こうした背景があって、第3章で述べたように、日銀は銀行救済のために、民間債務を担保に付け替えてゼロ金利の貸付金を大量に供給し始めているのである。その残高は約111兆6649億円（2021年1月10日）に及ぶ。総選挙が1年以内に近づく中で、リスク管理を極度に軽視しても、バブル崩壊による地域金融機関を救済するために再びバブル経済に突き進んだのである。その結果、ますます日銀は出口を失っている。そして、いまや政策の最大の焦点はいかに現状をもたせるかであって、未来の展望など何一つ語れなくなっているのである。

3. 3つのサイクルの政策順序は？

賃金と生活水準を引き上げる

では、先に見た3つのサイクルは、どの順番で政策を組み立て直したらよいだろうか。まず第3のサイクル、つまり金融緩和に基づく財政赤字の拡大政策はもはや優先政策ではありえない。前節で見たように、異次元の金融緩和は行き詰まっており、アベノミクスはしだいに自壊の様相を呈している。もはや国内外においてバブルが弾けた場合のリスクの発現経路が見えてきた状況である。そして、金融緩和政策はリスクと格差を大きく膨らませるだけである。

とはいえ、アベノミクスによって財政金融政策は〝出口なきねずみ講〟に陥っており、実は、金融緩和政策を止めるに止められないのが問題なのである。ゆっくりと財政金融政策の正常化を目指すしかない。具体的には、借換債を償還する代わりに、日銀が超長期債を引き受けて「安倍・黒田勘定」に凍結していくしかない。政府は金利を支払う一方、日銀はそれを日銀納付金として政府に納めるのである。一種の「債務管理国家」である。

では、最優先に取り組むべき政策は何か。それは、エッセンシャルワーカーの賃金の引き上げ、また非正規労働者の最低賃金を引き上げることである。そして内部留保を増やしながら賃金を切り下げて企業収益を追求する第2の悪循環を断ち切ることである。前に述べたように、日本の賃金水準が国際的に突出して低下し続けている。さらに、アメリカに次いで先進7カ国で2番目に高い相対的貧困率に示されるように、最低限の文化的な生活ができる収入が確保されていないことは、どう見ても異常である。もちろん、あまりに急激に賃上げのペースを引き上げれば、中小企業はデフレ状況下で収益を圧迫されてしまう。結局、外国人技能実習制度頼みあるいは劣悪な労働条件に近い形での外国人労働者への代替を引き起こすことになる。

では、どうすればよいのか。ベーシックサービスの供給である。包括的な生活水準を引き上げるには、最低賃金の引き上げだけではなく、同時に住宅と教育の現物給付の充実を図ることである。住宅費用や教育費用を軽減することは格差を是正する効果を持つ。さらに言えば、住宅に関しては家賃手当を設け拡充すること、知識集約型産業に適合する教育を充実することである。こうした措置をとることで、GDPの約6割を占める家計消費にプラス効果をもたらす。

もちろん、家計消費が増えるまでにはタイムラグがあるだろう。社会保障の不安もそう簡単に克服されない。そうした状況の下で、日本企業が付加価値の高い新しい製品を創り出せず、国際競争力が持続的に低下していくならば、やがて最低賃金水準も引き上げられなくなっていく。もちろん、民間企業の自発的な賃金上昇は起きにくくなる。

産業衰退が加速する第1のサイクルが止まらなくなっていけば、円安と賃下げの第2のサイクルを止めることに限界があり、第3の財政金融政策の「出口のないねずみ講」からも抜け出せない。何より、今は産業と技術の大転換期であり、産業衰退を食い止める産業戦略こそが必須である。それは金融政策や財政政策の「需要」喚起の問題では捉えることができないことをきちんと認識すべきだろう。

貧困な成長戦略――スローガン政治の結末

菅政権が継承するとしたアベノミクスの問題はどこにあるのだろうか。その最大の政策的貧困は、ことごとく失敗に終わった時代遅れの産業政策である。安倍政権は、政策の検証もないままに、「3本の矢」以来、目まぐるしく次々と「成長戦略」を掲げてきたが、何一つと言ってよいくらい成功せず、失敗が検証されないように次々と政策スローガンを出してごまかしてきた。だが、それもネタ切れになって、安倍政権は菅政権に交替した。

そして、安倍前首相も日銀自身も、「2年で2%」の物価目標について口にしなくなり、そのうちに米中貿易戦争と消費税増税とともに景気悪化が表面化した。そして憲法「改正」が最大の政策で、もはや新たに打ち出す経済政策はなくなっていたのである。さらに第1章と第2章で見たように、新型コロナウイルス対策に失敗して、戦後最悪の経済不況に陥っている。それが、安倍前首相と菅前官房長官の遺産であった。

気がつけば、残った目立つ成長戦略は、カジノを含むIR（統合型リゾート）くらいだったが、それも新型コロナウイルスで海外事業者が次々撤退や休止を表明するに至っている。

そしてその残骸は、元内閣府副大臣兼国交副大臣の秋元司衆院議員を筆頭に、自民党の岩屋毅元防衛相ら衆院議員4名や元日本維新の会だった下地幹郎衆院議員に政治献金が流れた疑惑であった。カジノはギャンブル依存症、マネーロンダリングなどの問題に加え、外国企業に対して巨額の予算を投入するがゆえ、誘致をめぐって不正腐敗が起きやすい。それはとどまる所を知らず、秋元司議員による証人への買収も起きている。

さらに、前に述べたように、原発輸出政策で失敗した重電機産業は深刻な経営難に陥っている。

今や東芝は「東芝ITサービス」で200億円の架空取引が表面化した。三菱重工はスペースジェットの6度目の納期延期で事業を凍結した。長崎造船所の香焼《こうやぎ》工場も売却が予定されている。日立も日立化成や画像診断機器事業を売却し、さらに3200人のリストラを公表した日立金属、そして日立建機の株を売却する。そして、日本製鉄の呉と和歌山の製鉄所で高炉が閉鎖される。カジノどころではない。技術力を誇っていた日本の重電機メーカーは原発依存で方向を間違えただけでなく、産業転換に大きく遅れて経営困難に陥っているのである。

4. 未来を描けないスカスカな産業政策

総務省案件に偏る産業戦略

では、菅政権が打ち出した新たな産業戦略はどのようなものか。

菅政権の産業戦略の特徴は、極めて視野が狭いことにある。菅首相は7年8カ月にわたって官房長官として、森友・加計・桜を見る会という不正・腐敗に満ちた安倍政権を裏方で支えてきた。たとえば、2017年2月17日、安倍前首相が「私や妻が関係していたということになれば、まさに私は、それはもう間違いなく総理大臣も国会議員もやめる」と答弁したことを受けて、1週間後の2月24日に、佐川宣寿理財局長（当時）は「文書は1年以内で廃棄されている」と答弁し、菅官房長官（当時）は「30年保存の決裁文書に全て書いてある」として、安倍昭恵夫人は関係ないとした答弁をした。その後、関連した公文書の改ざんがなされており、何らかの関与が疑われている。

こうした政治経験から、菅首相は多くの国民を説得する社会や経済のビジョンを立てる能力が磨かれてきたとは言いがたい。実際、未来の展望がどのようにして切り拓かれているか、が具体的に語られることはない。とくに「ふるさと納税」が典型的だが、本格的な閣僚経験は総務大臣以外にないがゆえに、出てくる政策のほとんどは筋の悪い総務省案件が目立っている。

たとえば、菅政権の目玉として携帯料金の引き下げを打ち出したが、これも総務省案件である。そのためにＮＴＴドコモをＮＴＴの完全子会社とした。しかし、ＮＴＴは政府および地方公共団体が32・4％の株主であり、ＮＴＴドコモを完全「国有化」することによって、政府（総務大臣）の命令で携帯料金を引き下げ、ＮＴＴドコモのシェアを上げることになる。それは、他方で打ち出している規制緩和政策と根本的に矛盾するのではないか。

菅政権の規制緩和政策の矛盾の最たるものは、既存石炭火力発電と原子力発電を守る政策であろう。岩盤規制の最も強い電力会社の地域独占であるが、その既得権益を徹底的に守り、火力発電や原発を「ベースロード電源」として守るために「容量市場」なるものを作り、利用者と新電力に大きな負担を押しつけようとしている。「2050年温室効果ガス排出実質ゼロ」という美名の下で、最大の既得権益＝原子力ムラの利益を優先して、時代遅れでコストの高い原発の再稼働をすれば、産業の競争力は一層低下していき、日本経済はますます出口のない状況へと向かって行かざるをえないだろう。「失われた30年」が繰り返してきた事態である。

さらに、「デジタル庁」の設立も、GAFA（グーグル、アマゾン、フェイスブック、アップル）にはまったく太刀打ちできなくなった日本の情報通信産業を、総務省管轄の時代遅れのマイナンバーという「公共事業」で救済するための機関になりかねない。クラウド・コンピューティングでも5G（第5世代移動通信）でも日本の情報通信産業は存在感がまったくない。他方で、リクナビ（リクルートキャリア）が個人情報を売買しても罪に問われることはなく、通信傍受法では本人の同意なく勝手にGPS追跡がされている。新しい情報人権がないまま、公安警察官僚が中枢に座る政権の下に、個人情報を収集する仕組みになりかねない。これでは情報通信産業が発展する基盤がかえって失われかねない。

当面、オリンピックの強行開催によって総選挙までバブルをもたせることができても、それが終われば、もはやネタ切れになる。Ｇｏ　ＴｏトラベルやＧｏ　Ｔｏイートのように感染の再拡大をもたらしてしまうだけである。バブルが崩壊する時、菅政権の下では、さらなる産業の衰退が露呈されていくことになるだろう。

ＤＸも希望はもてない

たしかに菅政権が掲げるＤＸ（デジタルトランスフォーメーション）は重要である。しかし、すでに安倍政権によって『インダストリー４・０』や『Society５・０』という形で情報通信産業の遅れを克服する政策は出ていたはずだ。安倍政権の政策を継承するということだが、なぜそれがうまくいかなかったのかを考えなければ、結局同じく失敗に終わるだろう。

安倍政権において、いわゆる「骨太方針」（「経済財政運営と改革の基本方針　２０１８～少子高齢化の克服による持続的な成長経路の実現～」２０１８年6月15日）が、イノベーションを促進する「産業戦略」と言えなくもない。その枠組みは、少子高齢化に伴う人口減少の問題を、製造業のオートメーション化、データ化・コンピュータ化といった『インダストリー4・0』によって「生産性革命」を引き起こすことで解決していくというものである。『インダストリー4・0』は、日本が比較的に強みを持つ産業用ロボット、3Dプリンターなどで「第四次産業革命」を実現し、さらに「情報社会」を意味する『Society 5・0』によって、IoT（モノとモノの情報通信）やAI（人工知能）を展開していく。残念なことに、政府は美辞麗句を並べ立てているが、スローガンだけで中味はほとんどない。そして現実に、日本の情報通信・デジタル関連機器、あるいはIoTにおけるソフトやコンテンツの産業は急速に衰退している。

ジェトロの「世界貿易投資報告 2020年版」から、デジタル関連機器の動向を見てみよう。まずコンピュータや通信機器、半導体、映像機器、その他電子機器・部品などデジタル関連財に関する日本の輸出は、2019年では1393億ドルで世界シェアは4・3％になっている。ちなみに、中国（24・9％）、米国（7・9％）、ドイツ（5・5％）、韓国（5・2％）が上位を占めており、日本は2010年は世界3位だったが、シェアを次々と落としていき、2019年にはついに台湾にも抜かれて7位にまで下がっている。日本は半導体製造機器と産業用ロボットの輸出シェアはまだ高く維持しているものの、デジタル関連機器の輸出は顕著に減っている。デジタル通信上の越境データの流通量も著し

表 4-2 デジタル関連材 輸出国順位

	中国	米国	日本	ドイツ	オランダ	韓国	台湾
2010年	1	2	3	4	5	6	7
2011	1	2	4	3	5	6	7
2012	1	2	4	3	5	6	7
2013	1	2	4	3	6	5	7
2014	1	2	6	3	5	4	7
2015	1	2	6	3	5	4	7
2016	1	2	6	3	5	4	7
2017	1	2	6	3	5	4	7
2018	1	2	6	4	5	3	7
2019	1	2	7	3	5	4	6

出所：ジェトロ「世界貿易投資報告 2020年版」104頁から作成

く低くなっている。

さらに、クラウド・コンピューティングでは、アマゾン、グーグル、マイクロソフト、IBM、オラクルが圧倒的なシェアを占めており、対抗できるのは中国のアリババやバイドゥくらいである。5Gでは、ファーウェイ（華為技術）などの中国企業、スウェーデンのエリクソンやフィンランドのノキアなどが特許のシェアを大きく占めている。実態を見れば、日本の『インダストリー4・0』や『Society 5・0』は、世界から遅れをとるばかりである。「生産性革命」などというかけ声ばかりで、後述するように、政府は、産業衰退を食い止めるために不可欠のエネルギー転換など地域分散型の産業戦略が根本的に欠けているのである。菅政権の「デジタル庁」設置が結局のところ、時代遅れのマイナンバーに収斂していくかぎり、同じ結果をもたらすだろう。

古い産業温存が衰退を招く

なぜ『インダストリー4・0』、『Society 5・0』はうまくいかなかったのか、改めて問う必要があるだろう。何より、政府は、いまだに守旧的な重化学工業を中心とする経団連のために、政策的・予算的に重点的な産業政策を実行している。それらは、原発再稼働と原発輸出、リニア新幹線、国土強靱化計画や東京オリンピックと建設事業、大阪万博とカジノを含むIRといった旧来型の公共事業で占められている。とてもイノベーティブと呼ぶに値するものではない。

とくに、原発や火力のような重厚長大の大規模集中の電力システム、中央集権的な医療・介護などの社会保険制度などは、そもそも『インダストリー4・0』や『Society 5・0』とあまり適合していない。「集中メインフレーム型」の仕組みはもはや時代遅れなのである。むしろ、IoTやICTの長所は、小規模の多数の分散した情報を瞬時に調整できる特性を持つがゆえに、効率的な地域分散ネットワーク型システムを構築できる点にある。たとえば、エネルギー転換が突破口になる電力システム改革を見れば、巨大電力会社を解体し、発送電を完全分離し、数多くの中小電力業者が再生可能エネルギーをたくさん生産し、蓄電池で蓄え、それをスマートグリッドできめ細かく調節していくのである。政府はこうした改革に完全に背を向けており、『インダストリー4・0』や『Society 5・0』など実現できるはずがないのだ。

たとえば、脱原発が『インダストリー4・0』の試金石であることは、ドイツのシーメンスを見れば明らかだ。シーメンスは原発だけでなく巨大火力発電をも放棄し、自然エネルギーを調節するグリッドシステム、交通システムや無人のファクトリーオートメーションに成功している。原発を放棄したアメリカのGE（ゼネラル・エレクトリック）は一時IoTを組み込んだガス火力発電に力を入れたが、再生可能エネルギーのコスト低下にとても太刀打ちできず、結局、火力発電も止めていく。同じ重電機メーカーでも、日本のそれとは対照的だ。安倍政権の下で、原発再稼働・原発輸出に突っ込んだ東芝が経営危機に陥り、同じく原発輸出に突っ込んでいた日立製作所や三菱重工も苦しくなっているのである。

さらに第6章で詳しく展開するが、財源と権限を大胆に地方自治体に移譲して、医療・介護・福祉などに携わる病院、診療所、福祉施設、在宅看護・介護をネットワーク化する。

そして、個人の医療情報提供システムについてセキュリティを保護して（同時に、誰が個人情報にアクセスしたかを知ることができる権利を個人に保障する）、かかりつけ医かケースワーカー（あるいは訪問看護師やホームヘルパー）が寄り添うような仕組みを作っていくのである。さらに農業の六次産業化とエネルギー兼業も必要だろう。

そのうえで、グリッドシステムや個人医療情報提供システムに関して、研究機関横断的・企業横断的なプラットフォームを創り、若手研究者・若手技術者の活躍の場を与えるのである。これによって、ＩｏＴやＩＣＴによる「地域分散ネットワーク型」への転換を大胆に進めていけるのである。しかし、菅政権の掲げる「規制緩和」はハンコ廃止とか矮小なものばかりが目立つ。こうした中で、河野太郎行革相が再生可能エネルギーの普及を邪魔する規制の撤廃を打ち出したが、スローガンが先走っており、岩盤のような既得権益である原子力ムラや巨大な厚労省といった最大の既得権者を打ち壊せるかどうかは不明だ。現状では、情報通信産業の衰退は止まらないだろう。

教育サービスの充実が肝要

「骨太方針」で示された「生産性革命」は、少子高齢化による人口減少を穴埋めするという長期経済戦略である。だが、果たして生産性向上と少子高齢化（人口減少）の帳尻合わせを上手くできるだろうか。現実には、失業か単純労働だけが増える可能性が高い。

「生産性革命」は、たしかに一人ひとりの人材の質を高める「人づくり革命」を必要とする。だが、政府は教育研究基盤と人材を破壊しているのが実態だ。日本の教育費の公的負担は国際的に非常に低く、高等教育の学費が高く、国立大学法人は年1％の予算削減を余儀なくされ、若い研究者は有期雇用が圧倒的に増加し、研究者は文科官僚向けの書類書きに忙殺されている。「人生100年時代」は、実態としては高齢者の非正規雇用の増加と年金給付支給年齢の引き上げである。「働き方改革」も、過労死寸前の時間外労働規制、裁量労働制で賃金を抑制する高度プロフェッショナル制度、外国人技能実習制度などが人権問題を引き起こしている。

これまでの政府の政策は、高付加価値の知識集約型労働者を育成する教育を軽視している。だとすれば、もしＩｏＴやＡＩあるいはロボットを駆使して、工場の「無人化」を図ると、どうなるだろうか。ソフトやコンテンツを創る知識集約型産業が衰弱してしまえば、ソフトやコンテンツを輸入に依存し続ける。生産工程をオペレートする労働者と単純労働に分化していく。「生産性革命」の結果、多くの労働者が弾き出される危険性が高い。べーシックインカムでカネをばらまいても問題は解決しない。むしろベーシックサービスである教育の公的支援の拡充と知識集約化に対応した教育内容の導入が不可欠になってくるのである。

3つの悪循環を断ち切る

最後に、3つのサイクル（悪循環）にしたがって問題を再整理してみよう。アベノミクスが最優先した第3の「異次元の金融緩和」が〝出口なきねずみ講〟と化し、コロナ禍でのバブルという異常な格差社会を招来し、それはやがてバブル崩壊をもたらすだろう。そして、第2の円安と賃金引き下げで内需が脆弱になり、輸出にますます依存していく。しかし、これも、米中貿易戦争で行き詰まり、さらにコロナ禍によって限界になっている。何より第1の産業衰退がこのままでは止まらない。無責任体制の下で産業構造の転換が進まず、とくに原子力ムラや中央官庁によって地域分散ネットワーク型のシステムへの転換ができないからである。かくて第2、第3の悪循環から抜けられないのである。

では、いかにすべきか。まず第2の悪循環から抜けるために、国際的にも異常に低い最低賃金を引き上げることを優先すべきだろう。同時に、住宅費や教育費の負担軽減で生活を下支えする。しかし、これが好循環をもたらすには、第1の産業衰退の悪循環を断ち切ることが不可欠になる。そのためには、電力会社の解体再編によって脱原発とエネルギー転換、社会福祉の分権化改革、食と農の地域分散ネットワーク型への転換を突破口に、分散革命ニューディールで産業と雇用を創出していくことである。

何よりこうした改革を急がなければならない。そのためには、エネルギー・福祉・食と農業といった領域で、地域の市民・中小企業者・農業者・組合などが経済民主主義の担い手となって、投資や需要を創出するのである。こうした生活の基本ニーズを起点とした改革が、インフラ、建物、耐久消費財へのイノベーションの起点になっていくのである。この点については第6章で詳しく展開していきたい。

第5章
ポピュリストの政策的退廃

1．消費税減税は誤った経済政策

諦めさせる政治

ポピュリズムの政治が横行してきたが、2020年11月のアメリカ大統領選におけるトランプ氏の敗北を契機に、それも終わりかけている。イギリスのボリス・ジョンソン首相も、合意なきEU離脱を主導してきた上級顧問のドミニク・カミングス氏を2020年内に辞任させる一方で、バイデン氏が大統領選に当選すると、2030年までにガソリン車・ディーゼル車の販売禁止を打ち出した。

安倍政権や菅政権の保守政治としての特徴は、数多くの人々を熱狂させるポピュリスト政治ではなく、むしろ人々に未来への展望を持たせず、諦めさせる政治であり、その結果、投票率の低下を引き起こす特異なものである。野党系のポピュリスト政治も出ているが、非常に矮小な形態にとどまっている。その中心的主張は、消費税減税だったり、ベーシックインカム論だったりする。

とくに消費税導入直後の1989年の参院選で「消費税廃止」を掲げた社会党（当時）

が大勝したことが、野党の数少ない「勝利」体験であった。その残像効果にいまだに引きずられているが、当時はバブル経済の最中であり、少子高齢化の認識が甘く「小さな政府」が台頭してくる時期であったことを忘れてはならない。今はバラマキの財源は心配ないというバブル期の心性を、MMT（現代貨幣理論）の悪用で埋め合わせただけである。いまだに消費税減税で投票が集められるという考えは、時代錯誤に陥っていると言っても過言ではない。

消費税減税はデフレ不況を加速する

時限的な消費税減税論を取り上げてみよう。まず、いわゆる「アベチルドレン」たちの主張である。2020年3月30日、自民党の若手勉強会「日本の未来を考える勉強会」（会長・安藤裕衆議院議員）や「日本の尊厳と国益を護る会」（代表・青山繁晴参院議員）ら112名が、消費税率5％引き下げを主張している。そして、「当分の間は軽減税率を0％とし、全品目軽減税率を適用する」、つまり時限的に「消費税法の停止」も可能とする提言が行われた。

これに対して、野党側でも、3月16日、れいわ新選組が「1年程度、消費税率5％以下に」と言いだした。そして、2020年7月1日記者会見で、玉木雄一郎・国民民主党代表が1年間5％に消費税率を引き下げるべきだと言い出している。そして2020年10月19日には合流後の立憲民主党も時限的な消費税減税を主張し出している。また共産党も消費税5％減税を主張しており、主要野党は消費税減税で足並みをそろえているのである。

一見すると、直接には消費税増税が景気を悪化させたので、消費税減税は「国民の懐を豊か」にして景気を回復させると考えがちになる。果たして、消費税減税は消費を刺激する景気対策になるだろうか。話はそう単純ではない。

たとえば、れいわ新選組の公約では、消費税を廃止すると、初年度に物価が5％以上上がり、実質賃金は上昇して景気が回復。「消費税ゼロにした6年後には、1人あたり賃金が44万円アップします」と謳っている。マクロ経済学の一般論から言えば、消費税減税で消費を増加させて物価上昇圧力も生じてくるのでデフレは起きないと考えがちになる。だが、過去20年間の経済の推移から見て、そんなことは起こりえないだろう。前に述べたように、この間、日本は産業競争力が低下し労働生産性も継続的に低下してきたので、円安誘導と賃下げによって、輸出主導で景気をもたせてきたからである。実際に、過去20年間にわたって実質賃金が低下してきたのが、日本経済の国際的な特徴であった。だとしたら、どうして消費税を減税することで、20年間の実質賃金低下傾向を覆すことができると言えるのだろうか。

むしろ、この間の事態を冷静に振り返れば、消費税減税は大幅に物価を下落させることで、デフレを一層進めると考えるのが自然だろう。長い間、多くの人々の賃金が下がり続けてきたので、依然として低価格志向を続けるだろう。他方で、コロナ禍なので、多少の価格の低下でも消費は増えない。企業（とくに中小零細企業）は、生き残りをかけて価格の引き下げ競争をせざるをえなくなる。そうなれば、企業が賃金水準を下げない保証はどこにもない。販売量が増えなければ、これまで同様、非正規雇用者や外国人労働者を増やすことで、企業は利益を確保する可能性が高いだろう。消費税減税で実質賃金を引き下げる可能性が実は高いのである。コロナ禍という異常事態にきちんと向き合って、「常識」を疑わないといけない。

つぎに、れいわ新選組は2％の消費者物価上昇率が実現すれば、法人企業への増税で財源を調達するという。ところが、「2年で2％」の物価上昇目標を掲げたアベノミクスは、約7年たっても実現せず、目標そのものを降ろしている。なぜ、れいわ新選組だと2％のインフレが実現できるのだろうか。とくに、いまはコロナ禍の最中である。れいわ新選組

図 5-1 国内家計最終消費支出の推移

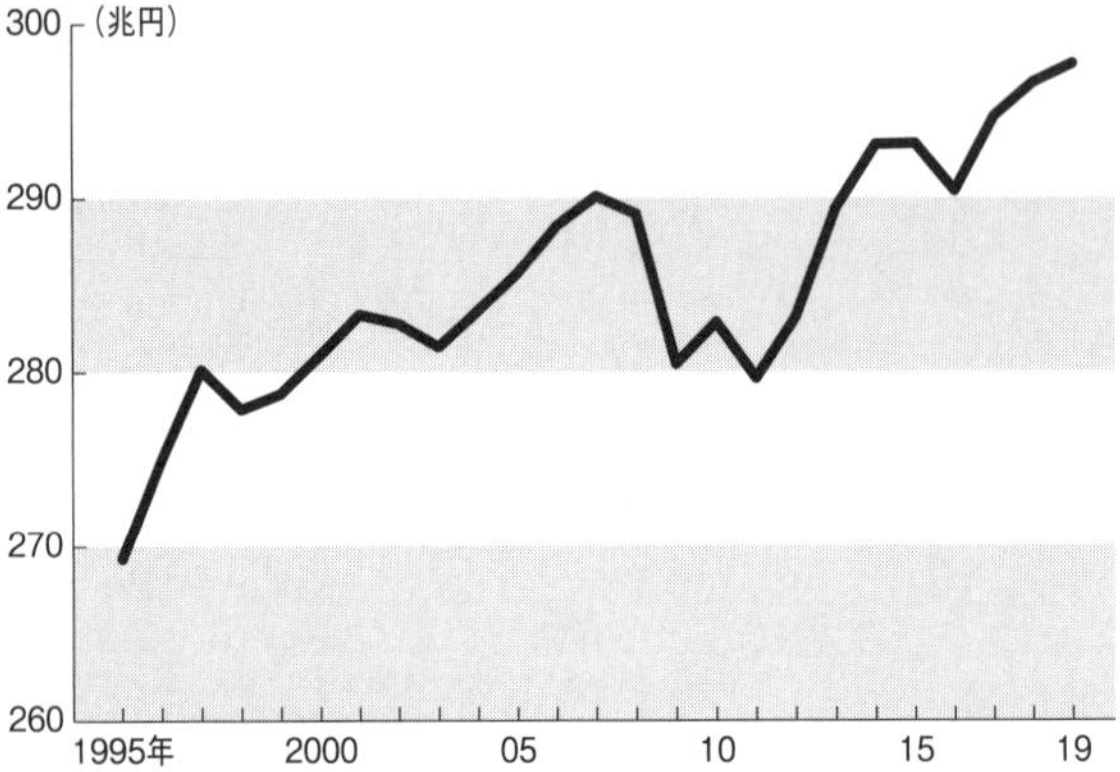

出所：内閣府「国民経済計算」から作成

のブレーンの人たちはアベノミクスをかついで失敗した人たちである。真剣に総括しているとは考えられない。

実際、図5－1が示すように、1997年の金融危機の時も2008年のリーマンショックや2011年の東日本大震災の時に、消費が大きく落ち込んで、かつ物価も下落するデフレが生じた。前章の図4－2が示したように、新型コロナ危機でもデフレが生じつつある。こうしたデフレ下で消費税減税を行うことは不況を一層加速させる危険性が高い。

そのメカニズムについては、後で再度詳しく述べていくとして、実際に大型間接税の付加価値税減税に踏み切ったドイツはどうだっただろうか。ドイツは20年7月から付加価値税を19％から16％（食料品は7％から5％）に引き下げたが、消費者物価上昇率はマイナスになり、9月はマイナス0・4％、10月もマイナス0・5％とデフレ不況に陥っているのである。

消費税減税は所得再分配的ではない

では、逆進的とされる消費税の減税は、実際に逆進性を緩和する効果があるだろうか。所得税減税と比べると、その効果がわかりやすい。

たしかに消費税は高所得者ほど税負担が軽く、低所得者ほど税負担が重い。いわゆる逆進的な税負担構造を持っている。それは低所得者より高所得者ほど貯蓄や資産購入が多く、これらは消費税を負担しないですむからである。たとえば、所得が200万円で貯蓄がなく200万円を消費する低所得者がいると、丸々税率10％による20万円の消費税を負担する。これにたいして所得が1000万円の高所得者は貯蓄が400万円で、600万円の消費をしているとすると、消費税は600万円×0・1＝60万円の消費税額を支払う。これを所得1000万円で割ると、消費税の実効税率は6％になる。高所得者ほど税負担が相対的に軽くなるのである。

ところが、減税となると話は違ってくる。所得税減税と比較して考えると、消費税減税は高所得者はかなり減税の恩恵を受けることになる。たとえば、先の事例で5％に消費税率を引き下げたとしよう。低所得者は消費税10万円分の減税を受ける。月当たりで見ると、額としてはわずか8333円の減税を受けるだけである。それに対して高所得者は600万円×0・05＝30万円、月当たり2万5000円の減税を受けることができる。このケースで見ると、3倍の減税額を受けられる。たしかに率でみると、高所得者は、総所得に比べれば、相対的な減税率は低いが、絶対額としてみれば、低所得者よりはるかに多い額の減税を受けられるのである。わずか月8000円の減税だったら、減税せずに、消費税から月2万5000円の給付を出した方がはるかにマシだろう。

では所得税減税ではどうなるだろうか？　たとえば、1000万円以上の所得の人は増税し、1000万円未満の所得層には定率減税を行うとする。この方がはるかに所得分配上、より公平にできるのである。つまり高所得者の負担を重くし、低所得者の負担を軽くする逆進性緩和を目的とするなら、所得税減税の方がずっと優れているのである。

2. なぜ消費税減税は景気を悪くさせるか

物価変動に脆い消費税

つぎに、消費税減税は景気拡大効果をもっているのか。もう一度考えてみよう。先ほど述べたように、コロナ禍の下での経済状況では、ドイツのように、大型間接税の減税がデフレを引き起こす可能性が非常に高い。なぜなのか。改めて考えてみよう。

まず、その前提として消費税は間接税であることを踏まえないといけない。消費者は商品やサービスを買う時点で、消費税を税務署に納めていると勘違いしやすい。実は、税務署に納税するのは事業者であり、その事業者が販売する商品やサービスに税負担を乗せて消費者に売るのである。したがって、消費税を増税や減税する場合、納税義務者の事業者が直接の増減税の対象者であって直接には消費者ではない。しかも、納税義務者＝事業者の販売価格は、需給や競争状態、売手と買い手の力関係、景気動向、などで変動する。つまり納税義務者＝事業者が消費税の税負担をそのまま消費者に上乗せすることができるかどうかは、わからない。「価格＝税負担を含むコスト＋適正利潤」という教科書の世界のようにはいかないのである。

つまり増減税で税率を動かしても、その増減税の負担の変動分を正確に消費者に転嫁できるとは限らないので、経済状況次第で、消費税増税が激しいインフレを起こしうる一方で、消費税減税が消費者の買い控えをもたらしてデフレスパイラルをもたらす危険性もある。その意味で、消費税は厄介な税金で、インフレに対してもデフレに対しても脆いのである。

後に詳しくみるが、コロナ不況が消費を冷え込ませ、物価下落を生じさせている下で、消費税減税をすれば、一層の物価下落を招く。そして、それによって消費が増えることはない。金融危機やリーマンショックなどもそうだが、将来の見通しが成り立たなくなり、雇用や賃金が不安定になる時に、人々は消費行動を萎縮させてきた。税率を上げて景気を悪くさせたから、下げればよくなるというほど、話は単純ではないのである。

消費税減税はデフレ圧力を作り出す

先ほどと同じく、消費税減税を所得税減税と比べて考えてみよう。直接給付や所得税減税は消費者の所得を直接引き上げるので、その所得が源泉となって消費が増える可能性が出てくる。もっとも、実際には貯蓄に回ってしまう可能性も高いので、思うほど消費刺激効果は大きくないかもしれないが。それに比べて、消費税減税はそれによって直接所得が増えるわけではない。消費税減税の場合、消費者は、買う物やサービスの価格が低ければ低いほど利益を得るという仕組みである。コロナ禍の下では、事業者にとって物やサービスが売れないうえに、消費税減税は消費者がより一層の価格低下を期待するので、さらなる価格低下圧力を受けることになる。

今度は、納税義務者である事業者の立場に立って、それがどうして不利益になるのかを考えてみよう。消費税率を10％から5％に下げられた状況を想定してみよう。10％の税率で原材料を仕入れ、生産した商品を、消費者がより一層の価格低下を求めて、税率が5％になるまで買い控えする。税率5％で売れたとすると、その際の原材料は消費税10％で課税されたもので、売れた時点で消費税減税による5％分を取り返せず、事業者に損失が発生する。日本の消費税のようにインボイス（税額控除票）を送っていないので、こうしたことが起こりうる。

さらに、継続的に物価が下落したらどうなるか。第1四半期の価格水準で仕入れた原材料で生産した商品が、消費者の買い控えで、第2四半期で売れるとしよう。すると、先ほどと同じように、原材料は価格が下がった分だけ取り返せず、絶えず損失が生じるのである。そして第3四半期、第4四半期も同じパターンを繰り返すことになる。

こうして値下げ圧力に押され、損失は膨らんでいく。肝心の消費税減税は実施されたところで1年後、販売価格への課税額が減るが、仕入れ価格の下落に伴う損失はカバーできないのである。デフレに伴う収益の減少をカバーしようと、正社員の残業時間を減らしたりサービス残業をさせたり、非正規雇用者を雇い止めにしたり、低賃金の外国人労働者にシフトしたりするだろう。雇用の削減と賃金下落にともなって、さらに低価格志向が広がり、デフレスパイラルに企業は苦しめられることになる。とりわけ価格支配力のない下請けや弱小企業ほど苦しくなる。つまり、消費税減税は中小零細業者を救うための政策でありながら、結果的にはかえって中小零細業者を困難に陥れることになるのである。7年間も財政金融政策を動員してバブルを煽ってきたあげく、いざバブルが崩壊した時には、デフレを加速させる消費税減税を行う「緊縮」政策に帰結するのである。

一方、一定の価格支配力をもつ大手企業は、消費税の減税分だけ価格を引き下げなくてもいいかもしれない。さらに輸出企業は消費税の戻し税分がなくなるので、価格の引き下げは限定される。仮に販売量が維持され利潤が上昇したとしても、それでも、企業が減税分だけ労働分配率を上げて賃金支払い分を増やすとは考えられない。実際、この間、ずっと内部留保や配当を増やしても労働分配率は減らしてきたからだ。それゆえ、この20年間、

図 5-2　企業物価指数の動向

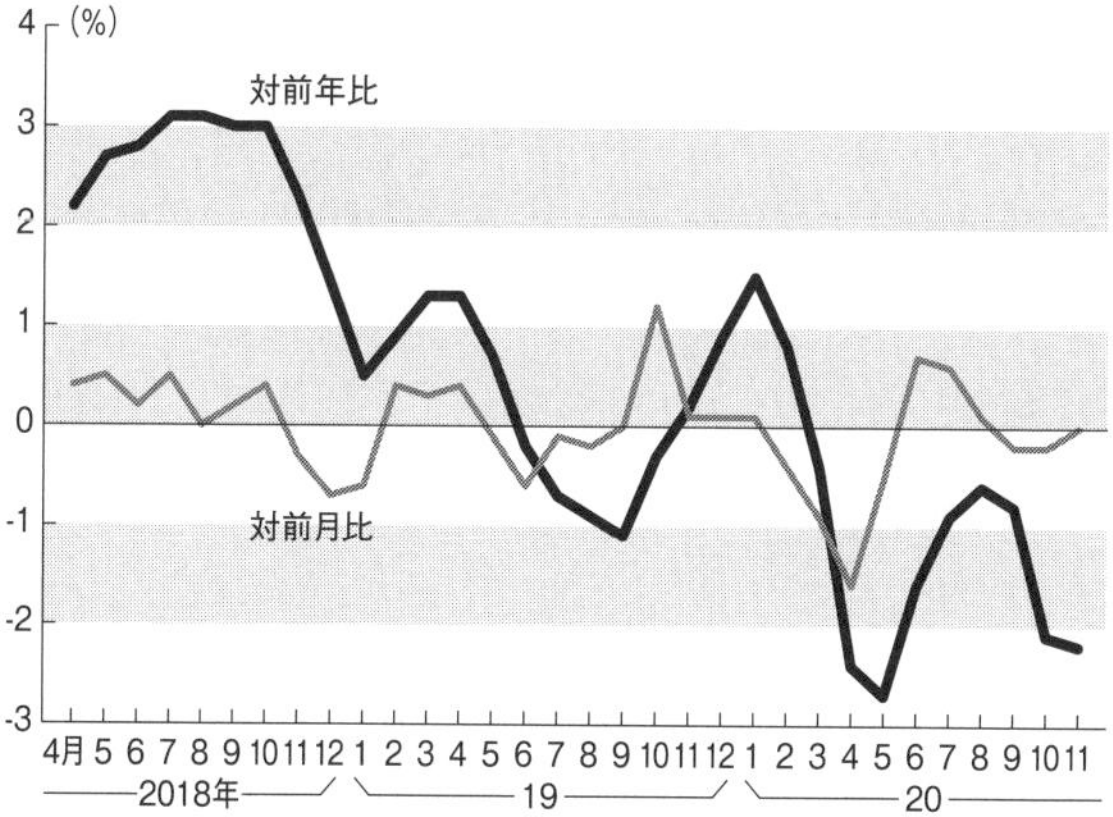

出所：日本銀行調査統計局「企業物価指数」から作成

物価下落率以上に賃金下落率が大きくなり、あるいは賃金上昇率は物価上昇率を下回り、物価下落基調にもかかわらず継続的に実質賃金が下落を続けてきたのである。

下請け企業は不利益が生ずる

では下請け企業にはどういう効果が生じるだろうか。

継続的に企業物価が下落する下で、消費税減税を実施すると、下請け企業は親会社からさらなる取引価格の引き下げを求められる。

まず図４－３と図４－６で見たように家計消費が減少傾向にあると、価格支配力の弱い弱小零細事業者は、消費者の買い控えによってより一層の価格下落圧力を受ける。図5－2が示すように、対前年同月比で見ると、企業間取引価格の動向を表す企業物価指数は大きく減少する傾向を示している。問題は、先に見たように、継続的な物価下落が生ずると、事業者にとって製品を作った時点より売る時点では値段が下がってしまい、絶えず損失を出しながら売らざるをえなくなることである。これがデフレの怖さであり、消費税減税は弱い業者イジメになってしまう背景となるのである。

消費税減税とデフレスパイラル

具体的な数値を置いて、1年間の消費税率5％への引き下げを考えてみよう。普通は、最初の取引企業の原価が1億円の原材料（労賃を含む）ないし仕入れ値とした場合、税率10％を課されて1000万円の消費税負担を入れると、税込みの原価ないし仕入れ原価は1億1000万円になる。仕入れた企業は賃金やマージンを乗せ、1億5000万円で売るとする。消費税率10％を課税すると、1億5000万円×0・1＝1500万円の消費税負担になる。しかし、日本の消費税は前段階の仕入税額控除方式をとるので、原材料ないし仕入れにかかった消費税10％分の1000万円を控除して500万円が事業者の純負担額になる。そして消費税率10％の時の販売価格は1億5０００万円＋5００万円＝1億55００万円になる。

このまま消費税率が10％から5％に引き下げられたとしよう。販売価格は消費税5％分を乗せると、最初の取引業者の販売価格は、1億円×1・05＝1億5００万円になる。

次の取引業者の販売業者は、消費税率5％とすると、1億5０００万円×0・05＝750万円になる。原材料ないし仕入れに5％の消費税負担分5００万円しかかかっておらず、それを控除できれば、事業者の純負担は750万円－5００万円で250万円になる。デフレも起きず、消費税負担が半分になるケースである。

ところが、問題は、正式なインボイス（仕送り状）が導入されていない現状では、消費税率10％の時に仕入れ生産したが、売れる時は消費税5％になった時に、原材料ないし仕入れ値にかかる10％の消費税負担分1０００万円が控除できるか否かである。たしかに、もし原材料や仕入れにかかる消費税が5％分しか控除されない、すなわち1億円×0・05＝5００万円しか控除できないとすると、事業者の消費税の純負担は5００万円増加してしまうのである。つまり、750万円－5００万円＋5００万円＝750万円に増えてしまうのである。結局、消費税減税はかえって税負担を重くしてしまうのである。

さらに、デフレスパイラルの下で、製品の販売価格が持続的に下落していく場合を考えてみよう。たとえば、1億円（税抜き価格）の原材料に5％の消費税500万円分が課税された段階で、次の取引業者は仕入れる。ところが、その後に物価が5％下がってしまったとしよう。次の取引業者は1億5000万円から1億4250万円に値段を下げて売らざるをえない。結局、このケースでは750万円の損失が発生するが、物価が継続的に下がり続ける度に損失が膨らんでいくことになる。消費税減税は物価下落をもたらし、こうした事態を発生させるのである。それは消費税減税はそれ自体、消費者の所得を増やし、ふところを暖かくするわけではないからである。消費税減税は、物価を引き下げることによって消費者に利益をもたらす仕組みなのである。

このように、原材料を消費税負担を含めて物価下落以前に仕入れていた場合、その負担は消費者に転嫁できず、コストとして吸収できない。かくして、価格下落が続くかぎり、損失も続くことになる。とくに右記のように5％も物価が急速に下落すれば、損失は急速に膨らむことになる。消費者の買い控えで少なくとも5％分の物価が下落すれば、消費者は一見利益を得るように見えるが、コロナ不況のような異常な時期には全体としての家計消費が増えるわけではないので、納税義務者である事業者はデフレ不況の被害を受ける結果に終わる可能性が高い。それはやがて事業者の経営の悪化をもたらし、賃金や雇用も悪化させる。それはまた消費者の低価格志向を生み、販売価格の低下をもたらすのである。このため、消費税減税が物価を引き下げ、実質賃金を引き上げて、内需主導で景気回復するというシナリオはかなり疑わしくなるのである。

なぜ賃金は継続的に下がり続けるか

企業が継続的に賃金を引き上げないのは、いくつかの制度的背景がある。ひとつは、労使協調の企業別労働組合と賃金の決め方の変化がある。石油危機後の日本経済が困難に陥った時、生産性の上昇の範囲内に賃金上昇を抑える「生産性基準原理」が1975年に本格的に適用された。そして、それによって輸出主導の経済回復を図った。それ以降、春闘は形骸化していった。第4章で述べたように、日本生産性本部の「労働生産性の国際比較（2019年版）」によれば、日本の製造業の労働生産性は、2017年にはOECD加盟国31カ国中14位まで落ちているのである。

さらに、1997年の金融危機以降、より賃金の安い非正規雇用が飛躍的に拡大し、しだいに賃金水準は引き下げられるようになった。先に述べたように、技術革新が止まって国際競争力が低下していくと、日本企業は円安誘導と賃下げで価格競争力に依存しなければならなくなる。そして、やがて物価下落（デフレ）と賃下げのスパイラルが続くようになっていった。こうして人手不足の中でも、賃金が下落する異常な状況に陥っていったのである。

いま一つ、「成果主義」と称して、経営者にはストックオプション（自社株を一定の行使価格で購入できる権利）が与えられるようになり、日本企業の経営のあり方が大きく変わっていった。中長期的な視野に立つ技術開発は等閑視され、従業員を育てるために労働分配率を高めることをしなくなった。逆に、目先の利益を求めて自社株の価値を高めるために、内部留保をため込み、配当を増やし、自社株買いで一株あたりの利益率を引き上げるといった行動に走る。さらに、M&A（企業の買収・合併）で自社に有用な企業・部門を取得すると、また自社株の価値を引き上げることにつながる。もっとも、自社で技術開発を行わないと、技術の目利きがきかなくなるので、M&Aは失敗する事例も増えていく。ともあれ、こうした日本経済の悪循環構造ゆえに、消費税減税は景気対策として十分な効果をもたらさない可能性が高い。

3. 時限的消費税減税はもっと悪い

再増税はできるか

日本の場合も、欧州諸国と同じく、半年ないし1年後に、5%から10%へと再び税率を戻す時限的消費税減税が主張されている。だが、このコロナ禍が深刻化していく状況が続く限り、再増税はできるだろうか。先のことをきちんと考える必要がある。税率を戻す場合、税率を倍にする大幅増税になる。それゆえに、消費への反動も大きくなる。

今度は、再増税が税負担者の消費者を直撃してデフレ不況を悪化させるだろう。デフレがもたらされた状況での再増税は、一層物が売れなくなり、納税者=事業者は税負担の上昇分を吸収できなくなっていく。すると、消費者もデフレ不況で給料が下がり、さらに物が売れなくなり、解雇が増えて不利益を被るだろう。時限的消費税減税はかえって最悪の選択になるだろう。

だとすると、いったん下げた税率が上げられなくなる。もし税率を戻せないと、税率5%分の11兆〜12兆円の中央政府の歳入減少を埋められず、財政危機に陥っていく。軍事費を削り、大企業課税を強化すると主張する野党もあるが、自衛隊員全員を解雇しても5兆円強である。14兆円（中央政府分は11兆〜12兆円）の歳入欠陥は法人税の税収分に匹敵する。この経済状況で法人税を倍増させることは景気悪化をもたらす。実際には、コロナ禍によって法人税収、所得税収も減るので、社会保障や社会福祉の削減しかなくなる。結局、消費税減税は「小さな政府」をもたらすしかなくなるだろう。野党は他方で社会保障・社会福祉の支出の増加を主張しているが、主張の論理一貫性が欠けていると言わざるをえない。

さらに深刻なのは、消費税5％減税は地方消費税収を減少させて、地方は税収減で苦しむことになる点である。消費税率10％のうち2・2％分は地方消費税に充てられている。消費税率が5％に戻ると、地方消費税率も元の1％に戻る。2021年度予算で考えると、5・8兆円の地方消費税収が約2・6兆円に減ってしまう。さらに残る消費税収の19・5％分は、地方交付税の原資に組み入れられる。つまり消費税率10％のうち1・52％分が地方交付税に割り当てられるようになっていたが、消費税率が5％に戻ると、地方交付税に割り当てられる税率は0・34％減って元の1・18％になる。4・2兆円あった地方交付税は約2兆円に減る。つまり地方消費税＋地方交付税割り当て分の合計で、消費税率1・54％分の地方財源が奪われる。つまり、地方の税収は4兆円以上も失われてしまうのである。

それもまた景気悪化をもたらす要因になるだろう。

免税が必要

では、どうすればよいのだろうか。

コロナ禍ですでに納税延期されている消費税を、納税業者の借り入れの増加と売上の減少に応じて減免税を実施した方がはるかによい。政府は、野党側の要求にしたがって1年間の納税延期政策をとっている。さらに税率を引き下げるより、結果として「益税」になるかもしれないが、納税時点で事業所得や借入金額に応じて減免措置をとるのが、デフレの影響から救いつつ事業者を救済する道になる。

先の例示を用いて、売上額が半分になった場合を考えてみよう。1億円の原材料あるいは仕入れが半分の5000万円になったとして、消費税率が10%とすると、5000万円×1・1＝5500万円が仕入れ原価になる。次の取引業者も売上げ1億5000万円が半減して、7500万円になれば、それに10%課税したら750万円から仕入れ段階の500万円を差し引いた250万円の消費税を納税しなければならない。それが免税となれば、経営危機に陥った中小企業に対する実質補助金となる。持続化給付金などと違って、電通やパソナではなく、税務署が複数の指標を設けて資格を審査し、倒産の危険がある中小企業に対して救済するのである。減免税はデフレ不況を加速する面を消せるだけでなく、コロナで打撃を受けて本当に困っている弱小業者に対して優先的な救済策となっていくのである。

4. 大企業増税は絵に描いた餅

MMTによる新たな自己正当化

一方で、野党は財源を調達するために、大企業や富裕層への課税強化を謳っているので、「小さな政府」にはならないと言うかもしれない。しかし、れいわ新選組や国民民主党の政策では、大企業増税は、あくまでもインフレ率が2%になった場合に限られている。実際には、前に見たように消費税減税ではインフレ率2%にはなりえないので、永遠に大企業課税は見送られることになるだろう。結局、消費税減税は永遠に国債依存になるが、持続可能性はない。問題は、破綻するまでバラマキの利益を享受するのは今の食い逃げ世代であるのに対して、負担（あるいは財政が破綻）するのは未来の世代だという極めて無責任な主張になっていることである。こうした彼らの主張の根拠とされているMMTも必ずしもそうした主張がなされているわけではない。

MMTでは、財政支出が貨幣流通の起点となる。そこで発行する国債（財務省証券）は政府部門の負債（借金）であるが、民間部門にとっては資産になる。それをケインジアンのいう広い意味で（価格変動がある）一種の「貨幣」と考えるのである。アメリカ国債が外貨準備と考えるのと似ている。

では、その貨幣を人々が信用して使用する「需要」がなぜ発生するのか。それは、インフレが起きずに貨幣が信用され、かつ納税するために貨幣が必要とされるからだ。そこで、MMTにおいてはJGP（ジョブ・ギャランティ・プログラム）を財政支出でまかなう。JGPとは、移民や若年の低所得層に対して最低賃金を保証した雇用保障プログラムである。欧米諸国では、移民や若年層の失業問題が深刻なので、これによって格差を是正しつつ経済成長をもたらすと考えるのだ。そして、それがインフレをもたらすと増税し、発行した貨幣を吸収するのである。

たしかに、MMTは一定の説得力をもった理論的な枠組みである。しかし、これは、いわのブレーンとされる人たちが、アベノミクスのインフレターゲット論で失敗し、その失敗の責任を免れるために、ＭＭＴを悪用して乗り換えたものに他ならない。実際、アベノミクスではインフレターゲット論という考え方がとられた。中央銀行が「2年で2％」のインフレ目標を約束し、異次元の大規模金融緩和で国債を買い入れれば、やがて物価が上昇し、人々はそれに刺激されて消費を増やして景気が回復するというシナリオだった。

しかし、現実にはインフレターゲット論は失敗した。本来2年の「短期」で終わるはずだったが、産業衰退や地域衰退が起きている状態なので、結局、貨幣の量を増やしても、貸し出しは増えず、日銀の当座預金がたまり込み、貨幣の流通速度が低下していくだけだったのである。

そして安倍政権も黒田日銀も「2年で2％」という公式のインフレ目標を降ろしてしまったにもかかわらず、8年近くも失敗した大規模に国債や株を買う金融緩和を続けてきたために、日銀は国債や株を売るに売れない「出口のないねずみ講」に陥ってしまったのである。そして超低金利政策が銀行とりわけ地方銀行の経営を追い込む一方で、その弊害を批判すれば、「反緊縮」のレッテル貼りでバブル路線を煽る。大量の貨幣供給は実体経済を改善するよりは、実はバブルを創り出して格差を拡大させる。そして、いまやバブル崩壊を防ぐためにより一層バブルの創出を図らねばならない状況に追い込まれているのである。

JGPから消費税減税にすり替える

れいわのブレーンとされる人たちは、MMTの枠組みを悪用することで、その失敗を反省せずに、インフレ目標が達成できないまま、永遠に財政赤字を膨らませることを正当化しようとしている。まずMMTでは財政赤字で支出するのはJGPであることに注意を喚起しておこう。JGPならば、移民や若年層に最低賃金を保証することで、景気対策として物価上昇が起きるというのはまだ理解できる。ところが、れいわは財政赤字で消費税減税を行う。これは、彼らの当初の主張とは正反対に物価を下落させる政策である。しかも、先に述べたように、産業衰退を背景に、実質賃金は継続的に低下していく傾向が止まらないので、消費は増えてこない。消費税減税では、これからも「永遠」に2％の物価上昇率に到達しないので、大企業増税はいつまでたっても必要なくなり、「絵に描いた餅」となる。国債を発行し続けて消費税減税を行う結果は、「我が亡き後に洪水よ来たれ」である。

なぜ、彼らはJGPを消費税減税にすり替えたのだろうか。実はアベノミクスの残党たちが、その失敗の原因を消費税増税のせいにしているからだ。しかし、これはすり替えである。そもそも消費税増税には景気弾力条項がついていた。先に述べたように、消費税3

%が導入された1989年では景気が良く、増税の影響は吸収された。ところが、1997年に5%に増税された時は、バブルが崩壊して金融危機が起きたことから景気を悪化させたのである。消費税が経済を壊したのなら、税率が20%を超える北欧諸国はとうに経済破綻していることになる。つまり、消費税増税がアベノミクスを失敗させたのではなく、アベノミクスが失敗したから消費税増税がうまくいかなかった。もちろん、これまで述べてきたように、消費税を減税したところで、失敗した政策はやはりうまくいかない可能性が大きいのだ。

5．ベーシックインカム論の陥穽

具体的に問題を解決しない

もうひとつ、左派ポピュリストの政治的スローガンとして掲げられるようになったのが、ベーシックインカム論である。実は、日本でも一人当たり7万円を支給するベーシックインカム論は左右両派から出てきており、その主張は多様である。同時に問題点はいくつもある。

ひとつは、わかりやすいバラマキ策ではある一方で、具体的に産業や経済を立て直しつつ、生活水準をどのように引き上げていくかという視点が極めて弱い点である。相変わらずの賃下げを続けているならば、一律「所得給付」をばらまくことで、政府は貧困問題を解決する責任を放棄することになりかねない。

同時に、産業が衰退している状況では現金給付をしているだけでは、貧困問題の根本的解決にはつながらない。知識集約型産業が雇用を拡大していくには教育「投資」が不可欠になっていくが、お金をばらまくだけではできない。他方で、貧困の原因は多様であり、現金を給付しているだけでは貧困問題を解決できない。たとえば、認知症のお年寄り、医療・介護を必要とする者、精神的・身体的な障がい者、移民と差別問題、低学歴者などの支援も欠かせない。

つぎに財源をどう確保するのかという問題が生じる。一人当たり月7万円、年84万円で人口1億2000万人に一律7万円を供給すると、予算としては年間で約100兆円が必要となる。年金の所得比例部分（2階建て）も含めて保険料収入約48兆円（保険料収入32兆円、一般会計からの10兆円）や生活保護費約2・8兆円でも半分にしかならない。消費税を増税するか、他の社会保障給付を削るしかない。財政的には実現可能性は極めて低いと言ってよいだろう。あるいは極めて低い水準のベーシックインカムになるしかないだろう。

では、コロナ禍の経済対策として、財源と給付のあり方を考えるとしたら、何が必要だろうか。景気を回復させる過程では、未来の制度構築につなげる現金給付が望ましいことは言うまでもない。たとえば、子ども手当や基礎年金一時給付金や中小企業雇用助成金の大幅増額といった政策対象をターゲット化した現金給付の方が良い。2、3年後に経済回復したら、大企業や高所得者への増税を目指し、こうした現金給付の持続可能な制度化を図るのである。まず社会保険料に関する高所得者の上限を引き上げる、(分離課税にされている)金融所得の累進化、所得税の最高税率の付加税といった高所得者の課税である。つぎに、石炭火力やプラスチックゴミを減らすために、環境税を増徴し、法人税の租税特別措置を削減し、フローでの内部留保課税を強化することも必要だろう。

普遍主義給付の必要性はどこにあるか

前述した現金給付のあり方はどのような理論的な考え方がベースになるべきだろうか。

かつての「子ども手当」に見られるように、福祉国家の新しいあり方としてダイバーシティ(多様性)を尊重する普遍主義(ユニバーサリズム)に基づく給付のあり方を部分的に導入する動きが起きてきた。たとえば、「子ども手当」は、人種、ジェンダー、障がい、性同一性障がい、婚姻関係の有無、所得の多寡などにかかわりなく、子ども一人当たりいくらという形で給付する。

こうした普遍給付が普及してきた一般的な背景としては、欧州諸国では移民が増加し、貧困な低賃金労働者となり、極右ナショナリストが台頭して社会的分断を生んできたことがある。あるいは、離婚が増え、母子家庭が子どもの貧困を深刻化させている状況もそうだ。それは、親の所得の多寡に応じて現金給付中心に所得格差を是正する、上からの福祉国家あるいは従来型の社会民主主義的な考え方とは大きく違ってきている。まずは差別を解消するという視点を持ちつつ、親の所得でなく子どもが育つ権利を保障するというように、当事者（子ども）の視点が重視されるのである。

改めて子ども手当という事例に則して、現金給付が普遍主義的給付になっていく理由を考えてみよう。まずお金持ちの子だろうが貧困者の子であろうが、移民の子であろうが、すべての子どもに「子ども手当」を支給するのは、ちょうどすべての子どもに義務教育を保障するのと同じように、この普遍主義の考え方に基づく。逆に、親の所得の多寡にしたがって児童手当や就学支援を子どもに支給すれば、子どもの間に差別が生じることになる。

昼食を各家庭に任せれば、子どもの間で貧富の格差が表面化するのと同じである。

すべての人々に最低限の所得を保障するというベーシックインカムは、そうした考え方のひとつと言ってよい。だが、こうした政策は財源的に実現可能性に疑問が残る。これまでの手当を整理して一律支給にすれば、かえって格差を拡大する面が生じる。何かを平等化しようとすれば、何かが不平等になる。とすれば、時代文脈的に最も重視すべき点について社会的合意を作りながら、普遍主義給付を少しずつ実現していくしかない。

ベーシックサービスの原則

社会的排除の理由がさまざまなのに、所得だけに注目して一律に現金を給付しても貧困がなくならないことは言うまでもない。それゆえ、その人の「ニーズ（必要）」に合わせて問題を解決するためには、生活圏である地域において当事者に寄り添う対人社会サービスが重視される必要がある。貧困問題を解決するには、ベーシックインカムよりベーシックサービスを重視するのだ。

つまり、高齢者福祉における地域包括ケアや地域主導の貧困救済において、ニーズを持つ人たちは単なる弱者救済の対象ではなく、当事者主権を持つ者となる。まずダイバーシティを保障していこうとすると、彼らが地域で生活し社会参加していけるように、ノーマライゼーションという思想が基本の考え方になる。そしてサービス供給者や負担者だけでなく、ニーズを持つ当事者自身が地域で発言し、地域の決定に参加していくことが必須になる。こうした地域において当事者主権の考え方の下に、高齢者福祉や障がい者福祉あるいは多様な貧困救済の仕組みを作っていくという考え方へ移行していく必要があるのである。

もちろん財源と権限がなければ、こうした地域レベルの現物給付はできない。1990年代に欧州諸国において、地域における福祉の現物給付化を進めるために財源と権限の地方分権化が進んだ。残念ながら、日本の「三位一体改革」は、本来、税源移譲と補助金削減、地方交付税の三者が、財政中立的な関係を保たれなければならなかった。にもかかわらず、税源移譲は2007年まで遅らされたうえに、新自由主義的な財政再建優先で国庫補助金と地方交付税が大幅に削減されてしまい、結果として地方衰退を加速させてしまった。日本における財源と権限の分権化は、未完の改革のままなのである。

第6章

日本は新しく生まれ変わる

歴史的・文明的な危機

産業と技術の大転換

新型コロナウイルスの大流行が、どれほどの規模になるかはいまだ不明な部分はあるが、少なくとも歴史に記録される文明的危機のひとつになることは確実だろう。かつても感染症の大流行が、社会システムをも変える歴史的危機をもたらしたことが想起される。

たとえば、14~15世紀の中世ヨーロッパにおけるペストのパンデミック（世界的流行）は、人口減少の下、中世キリスト教秩序が壊れ、ルネサンスと宗教改革を生んだ。あるいは1918~20年のスペイン風邪のパンデミックは、第一次世界大戦の最中、ロシア革命とシベリア出兵の挫折を生み、「社会主義」国家体制や労働者政党を生んだ。同じように、新型コロナウイルスの大流行はこれまでの産業や社会システムに大きな影響を与えていくだろう。それが何であるかが完全にはわからないまでも、いくつかの兆候から未来の姿を想像することは可能である。残念ながら、日本はそうした未来への変化を望まず、滅び行く世界に逆戻りする勢力がますますパワー（権力）を強くしている。

こうした大変化の底流にあるのは、今が**産業や技術の大転換期**であるということだ。

第1に、石炭と蒸気機関、石油と内燃エンジンに代わって、再生可能エネルギーと電気自動車へと、歴史的なエネルギー転換が起きている。温室効果ガスによる気候変動により、台風や山火事、生物の生息環境の悪化などが日常的に観察されるようになり、化石燃料依存からの脱却がますます切迫した課題になってきている。

その中で、イラク戦争以降、原油価格の急上昇が起き、その後、2011年3月に福島第一原発事故の発生によって、火力発電だけでなく原発もまたコストの高いエネルギーであることが明らかになった。そして太陽光発電と風力発電は、急速に普及するとともに量産効果と技術学習効果によって発電コストと蓄電池のコストが劇的に低下し、原発はもちろん火力発電よりはるかに安いエネルギーに変わった。国際再生エネルギー機関(IRENA)の報告書「2019年版　再生可能エネルギー発電コスト」によれば、この10年間で太陽光発電の発電コストは82%低下し、陸上風力発電は39%低下した。2021年に運用開始する太陽光発電プロジェクトの価格は平均0・039米ドル(約4円)/kwhで、最も安い石炭火力発電より2割以上安い。

世界では、再生可能エネルギーは燃料費のいらない「限界費用ゼロ」のエネルギーといわれてきたが、最近、ドイツなどでは固定価格買取制度が20年を経過し、減価償却が終わってタダのエネルギーとして大量に出てくるようになってきている。エネルギー自給のための蓄電池のコスト低下と相まって、**電気代タダの時代**が訪れつつあるのだ。アメリカでもトランプ政権がバイデン政権に交替し、変化の兆しがある。コロナ禍の下でバブルに突っ込みながら原発を再稼働させようとする自公政権は、世界の流れにもっとも逆行する政権になったと言ってよいだろう。

第2に、情報通信技術の発展が非常に速く、それは産業や製品とサービスのあり方を大きく変えていった。1990年代以降、スマートフォンを含めてコンピュータは、高速化、高容量化、価格低下がすごいスピードで進行してきた。その一方で、AIの発達で、モノとモノの間をつなぎ、予測しつつ制御する技術が進歩し、さらにスマートフォンの普及とともに**OMO（オンラインとオフラインの融合）**が進行し、24時間オフラインとオンラインでつながる世界が広がった。

小規模な再生可能エネルギーを制御するスマートグリッド、電車・バス・港湾・道路混雑などの交通システムの制御、無人のファクトリーオートメーション、小売店での自動支払い、体温・血圧・脈拍・血中酸素などの24時間データ配信、ハウス栽培での気温・湿度・地面の水分などの24時間管理、耕運機やトラクターなどの農機具の自動運転、農地の肥料、天候、作付けや収穫期などのコントロール、農水産物の貯蔵管理や配送システムなど、IoT（モノとモノの情報通信）で次々と技術革新が進行する。それは、企業内の労働編成を変えていくだけでなく、社会の意思決定システムも大きく変えていく。

第3に、ミレニアム後にヒトゲノムが解読されて以降、情報通信技術の発展が医療技術や医薬品開発をも大きく変えてきた。コンピュータによるシミュレーションを組み込んだゲノム創薬が生まれた。最近の新型コロナウイルスに対して、まだ不確定な要素も多いが、mRNAワクチンのような新たな技術が生まれようとしている。さらに、遠隔医療、ロボット手術から24時間の検査データの送信など、インターネットを通じた地域の医療・介護の連携体制など、過疎地域を含めた医療体制の効率化をもたらしている。

こうした**新しい技術の発展は新しい産業を創出する**。それは、経済的な変化だけでなく、国外（世界）と国内における政治や社会の仕組みをも大きく変えていくことになる。

世界経済の深い分裂を避ける

新しい技術と産業の転換は、まず何より世界の勢力図を変えていき、世界経済の分断を生んでいる。とりわけ情報通信技術は、軍事的に重要な技術でもある。パクス・ブリタニカの時代のイギリスは、レーダーとチューリングの暗号解読技術があったが、パクス・アメリカーナの時代には、人工衛星と暗号電波を解読するセキュリティ技術の圧倒的優位がある。さらに、無人の兵器は自動運転技術と同じＩＣＴ（情報通信技術）の技術基盤を持つ。アメリカのＤＡＲＰＡ（国防総省高等研究計画局）の役割も大きい。こうした背景があるがゆえに、情報通信技術をめぐる米中間の対立は根深くなっている。

ファーウェイ（華為技術）に対する制裁はその典型だろう。米中対立という世界経済の分裂を生んでいる。米中貿易戦争は単なる関税の問題ではない。それは、互換性を失わせるような**ＯＳ（オペレーティングシステム）を含めた世界経済のブロック化**であり、第２次大戦前のかつてのブロックより深刻で範囲は広い。日本経済が国際競争力を失う中、米中貿易戦争に加えて、世界的な新型コロナの大流行によって世界経済は分裂してしまったのである。

こうした事態に対して日本はどのような道をたどるべきだろうか。

対外的には、これ以上の世界経済の分裂を回避するべく外交的な役割を強めるべきである。東アジア諸国は米中の双方に貿易関係を持ち、米中対立関係が股裂きのような効果を持ち、経済的に打撃を被る。それゆえに「共通利害」を持つ韓国や台湾などと、連携関係を強めていくべきである。民主主義的価値を共有できる国の間で「共通利害」をベースにして米中ブロックの間で媒介的な役割を果たすのである。本来なら香港もそうした役割を負うべきだが、いまは地域内の民主勢力と連携するしかない。

その際、時代遅れになった日本の情報技術は、韓国、台湾との協力関係を築きながら再建しなければならない。それは軍事技術によって協力関係を促進するべきではない。それがもたらす世界は、ジョージ・オーウェルの『1984年』のごときディストピアだからである。個人情報を売り買いしたり、政府とりわけ警察権力が掌握したりすることを防止するために、共通して**新しい情報人権**を法的に確立していかなければならない。程度の問題であるかもしれないが、情報通信技術の公共的な役割を重視し、北欧諸国やドイツのように民需を軸にした技術開発を急ぐべきであろう。

異常化する金融資本主義の病理

こうした産業と技術の大転換期は、ヨーゼフ・シュンペーターがいう「創造的破壊」のプロセスをもたらすために、国内的にも軋轢をもたらし、国内の政治や社会の仕組みをも大きく変えていかざるをえない。新型コロナ後の新しい世界秩序がまだ見えていない中で、国民の生活不安の広がりを背景にして、産業と技術の大転換を望まない旧態依然とした勢力は、その方向性を妨げ、一層の経済衰退を導いてしまう。

ドイツと対照的に、第1章と第2章で明らかにしたように、戦争責任を問えなかった戦後日本の社会体質は、1997年の金融危機、2011年の福島第一原発事故に次いで、襲ってきた2020年のコロナ禍というメガ・リスクへ対応できなかった。コロナ敗戦でも、失敗の責任をとらない、反省をしない、失敗の上塗りを繰り返して、結局、長引いてしまった。失敗の重なりがひどくなると、自己正当化を図るべく公然と「歴史修正主義」が幅をきかせ、言論の自由の抑圧が始まった。特定秘密保護法、共謀罪法、度重なるメディア介入、学術会議の6名の任命拒否などである。批判を抑圧すれば、ますますリスクへの危機管理対応、産業と経済の衰退という失敗が重なり、泥沼から抜け出られなくなっていく。

失敗を繕うために、本来短期的な政策だったはずの財政金融政策にひたすら依存するようになる。その結果、いまや日銀の金融緩和政策は〝**出口のないねずみ講**〟に陥ったのである。にもかかわらず、無症状者への徹底検査という抜本的コロナ対策をとらず、被害を拡大させて、マッチポンプのように給付金をばらまいて、総選挙を乗り切ろうとしている。もはや未来の明確な展望などありえない。当面の権力を維持することが最大の目的になっているのである。

その結果、第3章で述べたように、いまや日銀の貸付金が約111兆6649億円（2021年1月10日段階）にも増加し、リスク管理なき過剰流動性の供給によって、**コロナ禍のバブル**を引き起こしている。富裕層は働かずに資産が倍増する一方で、働く人たちはコロナ倒産、コロナ解雇に遭わざるをえない。金融資本主義は、いよいよ非人間的な本質を露呈させている。コロナ禍のバブルは、究極の格差拡大とデフレ不況を同時に発生させているからである。

長いアベノミクスがもたらした地銀・信金の経営体力の低下があるために、日銀のバブル促進政策でも救済できず、かえって金融危機の潜在的なリスクを高めている。その結果、菅政権は地銀と中小企業の合併再編を打ち出さざるをえなくなっている。まるで第2次大戦中の銀行合併にそっくりである。

しかも、菅政権は、コロナ禍の中で、2050年温室効果ガス排出実質ゼロの脱炭素宣言の美名の下に、時代遅れの原発再稼働を打ち出し始めた。世界では、もはや小規模分散型の自然エネルギーが世界の主流になっているにもかかわらず、**大艦巨砲主義**の戦艦大和路線に向かっているがごときである。さらに産業衰退を一層加速させていくだろう。

コロナ敗戦は間近に迫っている。トランプ大統領の敗北に示されているように、世界的にポピュリストの政治は終わりつつある。国内的には、戦後の自民党政治による無責任体制がますます強まっていると同時に、その限界も露呈してきている。日本の行き詰まりと閉塞感を見ていると、単純に戦前に逆戻りしているというより「発展途上国」に退行しつつあると言った方が適切かもしれない。それは、**自民党政治が終わるか、日本が終わるか、**という2択に追い込まれていく状況を反映している。その払拭が必須となっているが、それは日本における**「未完の近代プロジェクト」**なのかもしれない。

当面の政策課題は何か

「未完の近代プロジェクト」における**5つの優先課題**をあげておこう。まず第1に、抜本的な新型コロナウイルス対策こそが最優先の経済対策になる。このコロナ禍を克服するためには、「ウィズアウト・コロナ」を目指して、地域の実情に応じて、**無症状者を徹底検査**し、隔離、追跡、そして治療の体制を確立しなければならない。東京の新宿区、渋谷区、港区、中央区、大阪市、などの感染集積地（エピセンター）は無症状者を含めて徹底的に検査する。その周辺地域には、病院、介護などの高齢者施設、学校、保育園、警察などのエッセンシャルワーカーを定期的に検査する世田谷方式を広げることである。そして感染未集積地には、誰でもいつでも何度でも無症状でも検査できる体制を作るとともに、感染集積地を支援していかなければならない。政府や東京都や大阪府の新型コロナ対策の失敗、そして「自己責任」論による責任転嫁が続くかぎり、いつまでも先述したジレンマと経済衰退から抜け出られない。

第2は、そのうえで、経済政策の中軸に**分散革命ニューディール**を置いて実行する。新型コロナウイルスなど、今後も人類が遭遇しうる未知のウイルスによる大規模感染症は、今後の日常的リスクになりうる。大都市の「過密」自体が大きなリスクであるとすれば、分散型の社会システムに転換することが必須である。**世界のエネルギー革命**は、原発や大型火力のような大規模発電所から小規模分散の再生可能エネルギーへの大転換を求めており、情報通信技術もクラウドのように情報の分散管理に向かっている。まずは本格的な発送電分離改革を実行するエネルギー転換を突破口に、福祉や農業を含めた地域分散型社会を作り、インフラ、建物、耐久消費財などでイノベーションと雇用を創出するのである。

第3に、コロナ禍のバブルが生み出す究極の格差社会を是正しなければならない。コロナ禍での金融緩和は株価上昇とマンション販売の回復をもたらす一方、非正規雇用は雇い止めリスク、中小零細企業は倒産のリスクにさらされている。そして若い世代には「コロナ氷河期」を生み出そうとしている。格差と貧困は許容範囲をはるかに超えている。**所得再分配的な税制**と支出政策を再建し、**教育と研究への予算と人を増やす**必要がある。富裕層と大企業への課税レベルが明らかに低く、調達できるはずの財源を放棄しているに等しい。他方で、教育への公的支出はOECD諸国の中で著しく低く、大学・研究機関の予算削減が研究体制を荒廃させてきた。

菅政権は第3次補正予算によって、グリーン分野の研究開発を支援する2兆円の基金の創設、「ポスト5G」などの開発を強化するとともに、世界レベルの研究基盤を構築するため10兆円規模の大学ファンドの設置を打ち出しているが、第2章でも述べたように、**官民ファンドの失敗**を総括しないかぎり、これらのファンドも失敗することは必定だろう。既得権益にどっぷり漬かって旧来型の産業構造を維持する経産省と経団連などの経済団体が主導権を持つ政府系ファンドは、産業革新を生むどころか、知識集約的な経済・社会のニーズに対応できず、泥沼のような産業衰退を招いている。まず関東軍の現代版である**原**

子力ムラと電力の地域独占体制を解体することなしに、この状況を変えることはできない。

第4に、産業の衰退を食い止めるためには、**仲間内資本主義（クローニーキャピタリズム）**によって壊れた公正なルールを再建しなければならない。不正と腐敗で満ちた政府が適切な産業戦略を立て実行できるはずがない。**森友問題、加計問題、桜を見る会を徹底的に解明**し、不正な行為を行った犯罪者たち全員の罪（刑事罰が問えないなら少なくとも民事罰）を問うことが必須だ。同時に、安倍政権の下で成立した特定秘密保護法、安全保障関連法、共謀罪法などの悪法を改め、行き過ぎた忖度官僚を生み出した内閣人事局体制の改組、官邸における公安警察官僚の排除、NHK人事への介入の是正と放送法改正などによって、民主主義国家を取り戻すのである。国家の私物化を正し、法的処罰を含めて公正なルールを再建することが、日本経済の再生にとって不可欠の条件となる。

第5に、**差別のない多様性**を尊重する社会を実現しなければならない。新型コロナウイルス等による大規模感染症は、差別・格差構造の底辺を直撃してきた。医療・介護・清掃・保育などを担うエッセンシャルワーカーの多くは、低賃金・不安定雇用のもとにあったが、いまや異常な負荷に苦しんでいる。とくに飲食、宿泊、衣料アパレル、対面小売りなどでは、女性の非正規雇用が多く、雇用を脅かされている。最低賃金や雇用の保証から待遇を改善していかねばならない。同時に、アメリカの黒人差別反対運動が示すように、差別を根絶することが、危機に対して柔軟な社会を作る。

地球温暖化防止と同じく、持続可能な経済社会システムを取り戻すことを目標として、この5項目を優先的に取り組むのである。

分散革命が必要

こうした当面の課題を克服する過程の先に、持続可能な未来を考える将来の社会ビジョンを作っていかねばならない。では、どのようにして未来への道筋をつけていけばよいのだろうか。

それは今ある状況から出発して、日本の新しい産業革新を創り出すしかない。残念ながら、「失われた20年」をへて起きた福島第一原発事故の後、安倍政権は、原発再稼働と原発輸出を推進し、石炭火力に頼って、化石燃料から再生可能エネルギーへ進む世界のエネルギー転換から完全に取り残されてしまった。2000年代はじめまでは世界のトップランナーだった太陽光発電産業は崩壊し、今や中国の企業が上位を席巻する。日本を代表する重電機メーカー各社がのめり込んだ原発輸出はことごとく失敗し、大きなダメージを受けてしまった。こうして「失われた20年」は「失われた30年」になった。

その間に、日本の産業は世界で成長がめざましいＡＩ（人工知能）、あらゆる機器をネットで結ぶＩｏＴ（モノとモノの間の通信技術）などデジタル分野で大きく立ち遅れて、ＧＡＦＡやファーウェイなど米中企業のはるか後塵を拝している。再生可能エネルギーとデジタル化は、ともに持続可能な成長が見込めることから世界で研究開発投資が集中している。エネルギー転換は経済波及効果が大きい。ＩｏＴがエネルギー、医療や福祉、農業と農産物流通などに適用されると、消費者の利便性を高めるとともに、労働生産性を格段に向上させていく。そして、建物からインフラ、耐久消費財などへの波及効果が大きく、あらゆるものを作り替えるきっかけになり、内需がどんどん膨らんで、新たな産業や雇用を生み出していく可能性が高い。

こうした状況を創出する産業戦略は、現在の日本が置かれている状況にも依存している。

一つ目は、世界経済の分裂の下では、石油ショック以来、国が経済危機のたびに繰り返してきた「円安誘導、賃下げ（人件費削減）、輸出主導」という経済対策では、もはや日本経済は再生できなくなっている点である。内需を厚くする必要がある。とは言っても、むやみな財政出動による内需喚起策は、コロナ禍でのバブルという異常事態をもたらし、巨額の財政赤字を後の世代につけ回しするだけだ。地域で中小規模の投資を積み重ねる形で新しい産業と雇用を創出する道を探らねばならない。

いま一つは、情報通信産業の先端技術の必然性から、そして新型コロナウイルスに対して大都市過密が弱点となることから、新しい情報人権を確立することを前提にした**地域分散ネットワーク型の社会システム**の構築が必然になる点である。そこからインフラ、建物、耐久消費財などのイノベーションに結びつけていく道筋を創っていくことが大事になる。

それは地域の政治から生活様式までを含めた、地に足をつけたものでなければならない。ここでいう地域分散ネットワーク型システムは、自前のエネルギー、医療や福祉、食と農業といった人々の生活のニーズを基盤として、自らの生活を自らのコミュニティにおいて自己決定していく仕組みを基盤とする。命と健康、持続可能性を最優先に、経済を地域住民の手に取り戻すのである。

それは、個人を尊重しながら地域コミュニティがネットワークで**フラットに結びつく社会**である。決して、地方自治体が中央集権的な巨大な政府に支配され、中小企業が巨大な大企業の下請けとして従属する社会ではない。それは、自らが決定できる小規模なネットワークが水平的に結びつく社会システムなのである。

そう考えていくと、日本では過密都市・東京への一極集中を改め、社会・経済システムを地域分散型に根本的につくり替える必要がある。その道筋を開くのは、再生可能エネルギー発電の地域分散型からの展開と、それを結びつけるＩｏＴやＡＩなどデジタルネットワーク化である。この分野への集中投資が必要になる。

その点では、菅政権は一見すると、脱炭素宣言やデジタル庁など似たような政策を出しているように見える。だが、第４章で述べたように、それは、実はCO_2を回収・貯留するＣＣＳのようなコストが高い未完成の技術に依存しているだけでなく、技術的にも時代遅れでコストが非常に高い原発再稼働を前提としていたり、マイナンバーのように時代遅れで誤った技術適用などを前提としていたりする。では何が重要か。より本格的な発送電分離に基づいたエネルギー転換を出発点にすることである。そのうえで、ＩｏＴやＡＩの分野を戦略産業として支援し育てなければならないのである。

電力会社を解体し、社会の仕組みを変える

現在の産業衰退を克服する突破口となるのがエネルギー転換だろう。パリ協定批准国は、気候変動（地球温暖化）を防ぐために、気温上昇を２度（１・５度が望ましい）未満に抑え

ることを目標に掲げている。いまや2015年に国連サミットで採択されたSDGs（持続可能な開発目標）を掲げる企業でないと、グローバルな投融資を受けられなくなりつつある。しかも原発だけでなく、国際批判の高まりの中で、石炭火力発電所建設はコスト的にも合わなくなっている。パリ協定に示される地球温暖化防止や貿易赤字の改善のために、化石燃料依存からの脱却と再生可能エネルギーの拡大が喫緊に求められている。

再生可能エネルギーの発電を全国各地域に分散立地させて、デジタルネットワークで結ぶという経済再生戦略を実現するために、国が最優先でやるべき政策は徹底的な電力システム改革である。

コロナ禍は今の文明の問題を多方面で洗い出している。大都市の「過密」のリスクも中央集中管理のメーンフレーム型システムの限界も見せてきた。2018年9月6日の北海道の胆振《いぶり》東部地震がもたらした大規模停電は、大型火力発電所への集中がいかにリスクに脆いかを露呈させた。ところが、産業衰退を一貫してもたらしてきた経産省は、原発や大型火力発電をまだ「ベースロード電源」として補助するために「容量市場」なるものを作った。大手電力会社が原発や石炭火力など大規模施設で集中的に発電し広い地域に給電する仕組みは、サプライチェーンの断絶に脆弱なことは明らかで、何よりコストが著しく高い。太陽光や風力を生かす地域エネルギーの自給を整えることができれば、その心配はなく、蓄電池のコスト低下とあいまって電気を融通し合えば災害やテロにも強い。

いまや大電力会社の地域独占は、日本経済の衰退を導く一番大きな岩盤規制である。東京電力は福島第一原発事故という歴史的大事故を引き起こしながら、経営陣は刑事責任を免れ続けているうえに、原子力損害賠償・廃炉等支援機構からは9兆5231億円もの資金交付を受け、世紀のゾンビ企業として生き延びている。彼らと経産省の原子力ムラが、時代遅れの技術に加え、猛烈に高コストな原発を再稼働しようとしている。と同時に、地域独占の電力会社は系統接続を拒否したり、接続に多額の負担を要求したりして、世界的に猛烈に普及しコスト低下が著しい再生可能エネルギーを妨害している。日本の産業衰退を導く元凶と言ってよいだろう。現行の電力システム「改革」が、電力会社の地域独占を守るために持ち株会社を作って発電会社と送電会社を法的に分離するだけか、関西電力のように子会社化するか、にとどまっているためである。発電会社を独立させて単独で高コストの原発を持てば、倒産が必至になるからだ。そして極力地域独占を守るために、再生可能エネルギーを妨害するのである。

エネルギー転換を行うためには、不良債権化した原発に公的資金を注入して切り離すと同時に、国は株主として電力会社と送配電会社を所有権上も完全に解体・分離して、送配電会社を独立組織に変えた上で、中小電力会社が作った再生可能エネルギーを優先接続することが必須となっている。発送電の所有権分離を導入すれば、再生エネルギーへの投資はどんどん進むことになるだろう。実際、分散型エネルギーの展開には、地域ごとに市民や地元の中小企業、各種団体、自治体などの出資を引き出す手だてが必要になる。それは、地域独占の電力会社の利益だけを追求するのではなく、再生可能エネルギーの電力自給と売電収入を軸にして地域自立型の経済を目指す仕組みでもある。

ところが、政権が交代しなければ、こうした電力改革はなかなか実現できない。しかし、市民がファンディングの力をつけて既存大電力会社の筆頭株主になっていく道もある。それは、これまでとは全く違った社会運動となるだろう。ゆで蛙のように財政赤字と金融緩和にどっぷり漬かって絶命するまで待つのとは違って、日本の未来を切り拓く厳しい戦いの道である。それは「経済をわれらの手に取り戻す」ための戦いになる。

それを前向きにするのは、電力改革だけで十分ではない。小規模分散のエネルギーを結びつけ地域でコントロールするスマートグリッドシステムが社会システムを変えていくうえで、非常に重要なインフラとなりうる。国は国策として、送配電網の拡充・強化に取り組み、地域分散エネルギーシステムの基盤を整えなければならない。国家プロジェクトとして、ＩＣＴやＡＩで電力の需給調整をする送配電システムのジャパン・スタンダードを開発する。統一仕様を作るために、特定の企業や研究機関に委ねず、組織横断的に資金と優秀な若手人材を集めて、オープンプラットフォームを作って知の総力を傾ける。その際、開発リーダーおよび開発チームは責任者を明確にし、高い給料を保証するとともに、最後まで責任を持たせることが肝要である。

それは情報通信産業の発展のプラットフォームにもなっていくはずである。そう考えると、日本の異常に高い公共事業支出と異常に低い教育研究投資へのコントラストを逆転していかないといけない。未来の世代を考えると、「コンクリートから人へ」に投資先を変えていかないと、ますます知識経済への移行についていけなくなってしまうだろう。

社会保障システムも分散革命へ

電力会社の解体とエネルギー大転換は、同時に新しい「地域分散ネットワーク型」の経済社会を創り出す。その意味で、社会保障・社会福祉制度も、食と農業も同じである。エネルギー、健康、食は人間が生きていくうえで、必須の要素であり、基本的ニーズである。

それを決定する社会的仕組みから変えていくのである。

たとえば、医療・介護については、地域の中核病院、診療所、介護施設、訪問看護や訪問医療などを、ＩＣＴを基盤にしてネットワーク化する。「かかりつけ医」やヨーロッパ的な「ケースワーカー」を導入したり、あるいは訪問看護や訪問介護などが個々のクライアントに寄り添う体制を創ったりしていくのである。その際、個人のカルテや介護記録やお薬手帳の電子化を図るとともに、生体認証を導入して、誰が個人情報にアクセスしたかを知る権利を保障していく。現行の医療・介護制度を前提とするかぎり、いずれ財政的にもたなくなる懸念が生じている。こうした地域分散ネットワーク型への転換によって、「効率化」と「安心」を同時に追求していくのである。

こうした試みのベースになる地域医療や介護現場の努力はすでに存在している。小泉「構造改革」の際に、地域の中核病院がなくなって救急体制が崩れる、医師の偏在問題が生じて産科、小児科などの診療科がなくなる、といった地域医療危機が進行したため、地域の中核病院と診療所、病院と介護施設のネットワーク化が進んだからである。たとえば、有名なものに、あきたハートフルネット、秋田・山形つばさネット、地域包括ケア〝尾道方式〟、長崎の地域医療連携システム〝あじさいネット〟などがある。

そうした中で、2011年に始まった飯田下伊那診療情報連携システム（ism-Link《イズムリンク》）が注目に値する。広域連合が主体になって予算を出し合い、5つの基幹病院が中核になって、診療所、介護施設、在宅看護・介護、薬剤師が情報を共有する。在宅看護で患者を訪問すると、ノート機能で患者の容体を共有する。クラウドでお薬手帳を共有するといった形で連携が図られるのである。

それは、同時に社会保障への権限と財源を地方に移譲しながら、地域で雇用を創出するとともに、対外ショックに強く内需の厚い地域分散ネットワーク型の経済システムを創出することになる。そして、それはクラウドコンピューティングという技術の発展の方向性に沿っている。同時に、地域の医療、介護・福祉、保育など対人社会サービスは、障がい者や女性、患者ら当事者が内容決定に参加するダイバーシティ（多様性）を尊重する。生活圏に関わることは地域住民が意思決定をする。中央集権的な社会ではなく、そうした民主的な社会・経済システムを、地域分散型エネルギーの展開の中で再構築していくのである。

もちろん、この分野でも、統一仕様を作るために、オープンプラットフォームを作って若手技術者を登用しながら開発していかなければならない。開発したOSは、地域の医療や介護・福祉、保育、教育のサービスを効率的で的確に提供するネットワークとしても生かす日本型「オープンプラットフォーム」に育て上げる。その開発の中で、日本のＩＣＴの後れを取り戻し、イノベーションを生み出す起動力をつけて、イノベーションを次々と呼び起こしていくのである。

食と農も分散革命へ

ＩｏＴやＡＩの発達は、たくさんの情報を一気に処理できることで、農業は手間と勘から解放させる面をもつ。自動化に伴う農機具の革新によって、耕作や収穫作業において高齢者や女性の活用を飛躍的に高める。ただし、それを大規模農業に活用する道もあるが、むしろ小規模分散でもネットワーク化することによって、設備投資を節約しつつ効率化を実現するのである。

温度管理のハウス栽培、自動運転耕運機、牛の分娩の監視カメラ、農地・肥料・農薬などを管理したり、収穫するロボットなど「スマート農業」はさまざまな分野で導入されつつある。だが、ＩＣＴやＩｏＴは農業生産だけではない。流通や加工も同じである。農産物は生産だけでなく貯蔵や流通まで大量の情報を処理しなければならない。そうした特性を克服して、アマゾンもインターネットを通じた農産物の通信販売に乗り出してきた。

農業も、地域単位で生産、流通・販売、加工を結びつける「六次産業化」や「エネルギー兼業農家」で再生していく。そのために、表示・トレーサビリティーの構築を前提に、直売所のネットワーク化や産直の仕組みを整えてきた。直売所はPOSシステムの導入によって、地域の近場の農家が新鮮な野菜を供給するとともに、会計が自動化することで会計財務の人員を不要にする。優れた直売所は売り切れると、すぐに補充することができる。さらに、直売所同士のネットワーク化が進み、互いに足りない農産物を補い合う。農業における小規模分散ネットワーク型システムの典型である。

他方で、大規模専業農家を育てて輸出を推進する政策も、コロナ禍では実現が危うい。逆に、輸出入が止まったら、国内実需に応じた農産物が供給できるだろうか。地域の小規模・零細農家の営農をデジタルネットワークで支えつつ、安全・安心な農産物を地産地消する自給体制を整えるのが目指すべき方向である。農地の上に細長いソーラーパネルを張っていくソーラーシェアリングなど、再生可能エネルギー発電による「エネルギー兼業農家」として力をつけてもらうこともできる。エネルギーと食料を自給できれば、世界経済の動きが止まっても少なくとも生きていける。

このように、エネルギー・福祉・食と農を軸に、地域内で循環する経済システムをベースとして、地域間のネットワークで補っていく仕組みは、地域に定着した産業と雇用を生み出し、内需を厚くすることができる。こうした一連の試みを「分散革命ニューディール」として、コロナ後に実現していかなければならないのである。つまり、この地域分散ネットワーク型経済はすそ野の広い内需を形成することによって、対外ショックに対してショックアブソーバーのような役割を果たしていく。そこを拠点にして、インフラ、建物、耐久消費財のイノベーションを起こしていくのである。

政治的・社会的に見れば、地域分散ネットワーク型の仕組みに変えることは、エネルギー・福祉・食と農といった地域の生活圏に関わることについて、地域に住む住民が意思決定する社会システムに変革していくことを意味する。地域と中小企業が巨大な中央集権化した政府と大企業の下請け関係になるのではなく、互いにフラットにつながり合い、ボトムから民主主義を支える仕組みとなる。それは何より、ともすれば諦めがちになり飲み込まれがちになる巨大な社会システムを「解体」し、若い世代が新しい産業と社会を創造し、生きる意味を見いだすことができる社会を創ることになる。戦後の無責任体制という社会体質が、度重なるメガ・リスクに対して危機管理をできずに、いまやコロナ氷河期と呼ばれる「失われた世代」を再び生み出しつつある。これは人災である。明治維新以来、大規模化・中央集権化の下で文明化近代化を達成してきた。いまや、こうした社会体質そのものを変えていかないといけない。これ以上、若い世代を犠牲にしてはいけない。

おわりに

本書を出そうと決めた頃、ジワジワと感染が拡大してきた。校正作業をしている最中に、いよいよ感染が拡大し、菅政権は緊急事態宣言を出すように追い込まれていった。新型コロナウイルスの世界的流行が始まってから1年たつが、ウイルスが変異する度に、感染の波が襲うようになっている。しかも、感染が拡大する度に、波のピークは次第に高くなっていく。

この悪循環から抜け出られないまま、死者が加速度的に増加している。死者数の推移を見ると、２０２０年2月から5カ月月後の7月20日に死者数は１０００名を超え、４カ月後の11月22日に２０００名を超えた。しかし、第3波になると、そのわずか1カ月後の12月22日に３０００名を超え、さらに18日後の21年1月9日には４０００名を超えた。１月19日に、１日あたりの死者数は１０４名と１００名を超えた。日本はまさに「人を救えない国」になっている。人の命と生活が救えない政府は、存在する価値がないに等しい。

地域別に見ると、とくに北海道や大阪ではPCR検査が決定的に不足して陽性率が異常に高く、人口比でみた死者数の多さでも際立っている。ところが、メディアはその事実を隠し、菅首相の対応の失敗を指摘しながら、北海道や大阪の知事たちの責任を追及するどころか、イケメンの彼らが活躍しているかのように報道し続けている。病院の院内感染や介護施設の感染の実態も隠蔽している。人命軽視の姿勢はまるで戦時中のようで、もはや報道機関とは呼べないレベルにまで落ちぶれている。

一方で、カネをばらまくことしか言わない輩が闊歩している。嘘で固めた安倍政権のアベノミクスによって、日銀は財政ファイナンスに走って〝出口のないねずみ講〟に陥り、金融市場を麻痺状態に陥れている。にもかかわらず、まだ100兆円は大丈夫とか200兆円は大丈夫とか、根拠が曖昧な主張を繰り返している。だが、まだもつ、まだもつと繰り返す言説には、どのようにして未来を切り開いていくのか展望が全くない。本書で明らかにしたように、これらの事態は、歴史修正主義によって絶えず戦争責任を曖昧にしてきた戦後の無責任体制に深く根ざしたものである。

だが、絶望することはない。こういう危機は「創造的破壊」が訪れる時だからだ。危機管理は、当たり前を実現することから始まる。まず新型コロナウイルスは無症状者が感染させるのだから、感染集積地での徹底検査をしなければいけない。その周辺地域ではエッセンシャルワーカーの社会的検査を行わなければならない。抗ウイルス剤アビガンや免疫抑制剤アクテムラなどの薬で死亡率を下げつつ、mRNAワクチンを医療従事者から試し始め、リスクの高い高齢者施設から接種していく。そうすることで、自粛と経済活動再開のジレンマを抜け出ることができる。命と生活を守るために、まっとうな危機管理の鉄則を実行することが肝要なのだ。

終章で述べたように、そのうえに未来を拓く分散革命ニューディールで、新しい産業や雇用、そして新しい社会システムを展望することだ。それはたしかに簡単ではない。戦後を一からやり直さなければならないほど大変な労力を必要とするからだ。だが、人任せでは何も変わらない。歴史の中で先達たちがそうしてきたように、少しでも社会を良くするために努力し、それを大きな流れにしていく。そうなることを信じていきたいと思う。

思い返せば、福島第一原発事故でも、そして今回の新型コロナ問題でも、狭い研究室に閉じこもることなく、果敢に現実に立ち向かう友人の児玉龍彦氏に、いつも知識と勇気をもらってきた。また編集者の松尾信吾さんは、新書の出版の機会を与えてくれた。最後に謝意を表して筆を置きたいと思う。

２０２１年１月吉日

金子　勝

金子　勝　かねこ・まさる
1952年東京都生まれ。経済学者。東京大学大学院経済学研究科博士課程修了。東京大学社会科学研究所助手、法政大学経済学部教授、慶應義塾大学経済学部教授などを経て、立教大学経済学研究科特任教授。専門は財政学、地方財政論、制度経済学。著書に『平成経済　衰退の本質』(岩波新書)、『日本病――長期衰退のダイナミクス』(共著、岩波新書)、『資本主義の克服――「共有論」で社会を変える』(集英社新書)など多数。

朝日新書
806

人《ひと》を救《すく》えない国《くに》

安倍・菅政権で失われた経済を取り戻す

2021年２月28日第１刷発行
2021年３月30日第２刷発行

著　者　金子　勝

発行者　三宮博信
カバーデザイン　アンスガー・フォルマー　田嶋佳子
印刷所　凸版印刷株式会社
発行所　朝日新聞出版
〒104-8011　東京都中央区築地5-3-2
電話　03-5541-8832（編集）
　　　03-5540-7793（販売）

Published in Japan by Asahi Shimbun Publications Inc.
ISBN 978-4-02-295095-6
定価はカバーに表示してあります。

落丁・乱丁の場合は弊社業務部(電話03-5540-7800)へご連絡ください。
送料弊社負担にてお取り替えいたします。

読み解き古事記　神話篇

三浦佑之

「古事記神話は、日本最古の大河小説だ！」ヤマタノヲロチ、稲羽のシロウサギ、海幸彦・山幸彦など、古事記研究の第一人者が神話の伝える本当の意味を紐解く。イザナキ・イザナミの国生みから、アマテラスの子孫による天孫降臨まで、古事記上巻を徹底解説。

妻に言えない夫の本音
仕事と子育てをめぐる葛藤の正体

朝日新聞「父親のモヤモヤ」取材班

男性の育児が推奨される陰で、男性の育休取得率いまだ7%。なぜか？　今まで通りの仕事を担いつつ、いざ育児にかかわれば、奇異の目や過剰な称賛にさらされる。そんな父親たちが直面する困難を検証し、子育てがしやすい社会のあり方を明らかにする。

学校制服とは何か
その歴史と思想

小林哲夫

制服は学校の「個性」か？「管理」の象徴か？　かつて生徒は校則に反発し服装の自由を求めてきた。だが昨今では、私服の高校が制服を導入するなど、生徒側が自ら管理を求める風潮もある。時代と共に変わる「学校制服」の水脈をたどり、現代日本の実相を描く。

文化復興　1945年
娯楽から始まる戦後史

中川右介

8月の敗戦直後、焦土の中から文化、芸能はどう再起したか？　75年前の苦闘をコロナ後のヒントに！「玉音放送」から大みそかの「紅白音楽試合」までの139日間、長谷川一夫、黒澤明、美空ひばりら多数の著名人の奮闘を描き切る。胸をうつ群像劇！

疫病と人類
新しい感染症の時代をどう生きるか
山本太郎

新型インフルエンザ、SARS、MERS、今回のコロナウイルス……近年加速度的に出現する感染症は、人類に何を問うているのか。そして、過去の感染症は社会にどのような変化をもたらしたのか。人類と感染症の関係を文明論的見地から考える。

教員という仕事
なぜ「ブラック化」したのか
朝比奈なを

日本の教員の労働時間は世界一長い。また、教員間のいじめが起きたりコロナ禍での対応に忙殺されたりと、労働環境が年々過酷になっている。現職の教員のインタビューを通し、現状と課題を浮き彫りにし、教育行政、教育改革の問題分析も論じる。

ルポ　トラックドライバー
刈屋大輔

宅配便の多くは送料無料で迅速に確実に届く。だが、IoTの進展でネット通販は大膨張し、荷物を運ぶトラックドライバーの労働実態は厳しくなる一方だ。物流ジャーナリストの著者が長期にわたり運転手に同乗取材し、知られざる現場を克明に描く。

坂本龍馬と高杉晋作
「幕末志士」の実像と虚像
一坂太郎

幕末・明治維新に活躍した人物の中でも人気ツートップの坂本龍馬と高杉晋作。生い立ちも志向も行動様式も異なる二人のキャラクターを著者が三十余年にわたり蒐集した史料を基に比較し、彼らを軸に維新の礎を築いた志士群像の正体に迫る。

朝日新書

いまこそ「社会主義」
混迷する世界を読み解く補助線

池上 彰
的場昭弘

コロナ禍で待ったなしの「新しい社会」を考える。ベーシックインカム、地域通貨、社会的共通資本――かつて資本主義の矛盾に挑んだ「社会主義」の視点から、いまを読み解き、世界の未来を展望する。格差、貧困、マイナス成長……資本主義の限界を突破せよ。

アパレルの終焉と再生

小島健輔

倒産・撤退・リストラ……。産業構造や消費者の変化で苦境にあったアパレル業界は、新型コロナが息の根を止めた。このまま消えゆくのか、それとも復活するのか。ファッションマーケティングの第一人者が、詳細にリポートし分析する。

でたらめの科学
サイコロから量子コンピューターまで

勝田敏彦

「でたらめ」の数列「乱数」は規則性がなく、まとめられないことにこそ価値がある。サイコロや銅銭投げにはじまり今やインターネットのゲーム、コロナ治療薬開発、量子暗号などにも使われる最新技術だ。この優れものの知られざる正体に迫り、可能性を探る科学ルポ。

不思議な島旅
千年残したい日本の離島の風景

清水浩史

小さな島は大人の学校だ。消えゆく風習、失われた暮らし、最後の一人となった島民の思い――大反響書籍『秘島図鑑』(河出書房新社)の著者が日本全国の離島をたずね、利他的精神、死者とともに生きる知恵など、失われた幸せの原風景を発見する。

絶対はずさない おうち飲みワイン

山本昭彦

ソムリエは絶対教えてくれない「お家飲みワイン」の極意。ワインは飲み残しの2日目が美味いなどの新常識で、ワイン選びに迷わず、自分の言葉でワインが語れ、ワイン会を主宰できるまでの5ステップ。読めばワイン通に。お勧めワインリスト付き。

女系天皇
天皇系譜の源流

工藤 隆

これまで男系皇位継承に断絶がなかったとの主張は、明治政府の創出だった！『古事記』『日本書紀』の天皇系譜に加え、考古学資料、文化人類学の視点から母系社会系譜の調査資料をひもときながら、日本古代における族長位継承の源流に迫る！

陰謀の日本近現代史

保阪正康

必敗の対米開戦を決定づけた「空白の一日」、ルーズベルトが日本に仕掛けた「罠」、大杉栄殺害の真犯人、瀬島龍三が握りつぶした極秘電報の中身——。歴史は陰謀に満ちている。あの戦争を中心に、明治以降の重大事件の裏面を検証し、真実を明らかに。

20歳若返る食物繊維
免疫力がアップする！ 健康革命

小林弘幸

新型コロナにも負けず若々しく生きるためには、免疫力アップが何より大事。「腸活」の名医が自ら実践する「食べる万能薬」食物繊維の正しい摂取で、腸内と自律神経が整い、免疫力が上がる。高血糖、高血圧、肥満なども改善。レシピも紹介。

分極社会アメリカ
2020年米国大統領選を追って

朝日新聞取材班

バイデンが大統領となり、米国は融和と国際協調に転じるが、トランプが退場しても「分極」化した社会の修復は困難だ。取材班が1年以上に亘り大統領選を取材し、その経緯と有権者の肉声を伝え、民主主義の試練と対峙する米国の最前線をリポート。